SIN MÁSCARA

Nos convertimos en lo que creemos que somos
La verdad de la motivación

VICENTE PASSARIELLO

Sin máscara
© 2018 por Vicente Passariello
Publicado por HarperCollins Español, Estados Unidos de América.
Autor representado por la agencia literaria Bridger Communications.

El autor agradece la colaboración de: Daniela Giampapa y María Carolina González

Editora-en-Jefe: *Graciela Lelli*
Edición: *Madeline Díaz*
Diseño: *Grupo Nivel Uno, Inc.*

ISBN: 978-1-41859-789-4

Impreso en Estados Unidos de América
22 23 24 25 26 LBC 6 5 4 3 2

A TI MAMÁ, POR SER UNA INSPIRACIÓN EN MI VIDA.

A TI PAPÁ, POR SIEMPRE HACERME REÍR.

LOS AMO.

QUISIERA AGRADECER POR LA OPORTUNIDAD BRINDADA

A LA EDITORIAL HarperCollins ESPAÑOL,

EN ESPECIAL A:

EDWARD BENITEZ

GRACIELA LELLI

DAN ROVZAR

Y MUY ESPECIALMENTE A:

ALEYSO BRIDGER POR HABER CONFIADO

EN MÍ COMO SU TALENTO.

CONTENIDO

PRÓLOGO

Conocí a Vicente Passariello en una serie de eventos de motivación en los que yo participaba. A la primera palabra que pronunció en su turno me di cuenta de que, si alguien quería cambiar cualquier imagen negativa de su vida y convertirla en lo mejor, sin lugar a dudas que escuchando a este hombre estaba en el sitio correcto.

De hablar fácil, sin rebuscamientos innecesarios, entendiendo que cada uno tenemos quizá el mismo problema, pero con diferente enfoque, Vicente convence a quien lo escucha porque de inmediato logra que uno se identifique con él, dándonos la impresión de que él es como el vecino, el amigo y hasta el psicólogo que puede darnos la mano para sacar el cuerpo del agua que casi nos ahoga.

Por razones como esa fue que cuando me pidieron hacer este prólogo no tuve que pensarlo mucho, porque hay una sola premisa: si hablando convence, ¡escribiendo nos deja el legado para leer y volver a leer!

Passariello tiene un gran don: hacernos entender que las cosas son mejor de lo que las que vemos.

Me impresiona otra de sus grandes enseñanzas en este libro: que ser positivo en la vida no basta.

Y aquí me vienen a la cabeza tantas y tantas amistades a quienes las cosas no les salen del todo bien a pesar de la eterna cantaleta: «¿Por qué me pasa esto o lo otro si yo soy alguien tan positivo?»

No han leído *Sin máscara*, este libro de Vicente donde aprendemos que lo positivo no es suficiente, sino que también hay que ser efectivo, y ser agradecido y ser bendecido.

Sencillo... ¿no? Ahora... ¿Cómo lograrlo?

Pues simplemente recorriendo cada página de este libro que ha sido escrito con la experiencia y el corazón necesarios.

Solo me queda decirle a usted que lee estas líneas, que Vicente Passariello aquí nos ayuda más allá de decirnos cosas que suenen bonitas, porque nos lleva a enfrentarnos a nuestro propio miedo de cambiar, provocando la superación para convertirnos en seres no solo mejores, sino también felices y realizados.

Gracias Vicente por ser un hombre «sin máscara» y por ayudarnos a encontrar la nuestra y quitarla de donde ha estado obstaculizando todo lo que queremos lograr.

Gracias por permitirnos ir contigo, en este libro, por una jornada exitosa como es todo lo tuyo.

Amén.

María Antonieta Collins

Miami, Florida, 31 de mayo de 2018

INTRODUCCIÓN

Recuerdo cuando a mis catorce años asistí por primera vez a un seminario de motivación en mi país natal, Venezuela. Se trataba de un curso creado por José. Yo estaba atravesando un momento decisivo, ya que mi padre había fallecido recientemente a causa del cáncer. Mis creencias sobre sentirme bien y superar la pérdida eran más bien pesimistas. Así que inteligentemente o por simple casualidad me encontraba allí con otros participantes, recibiendo las instrucciones de este método conocido en el ámbito internacional como «Excelencia ilimitada», con José Emmel Cárdenas.

Dos cosas cambiaron mi vida radicalmente durante ese curso. La primera fue tirarme en un *bungee jumping* desde un puente hacia el vacío. En aquella época eso era completamente inusual y se escuchaban comentarios de que algunos artefactos se rompían. Recuerdo perfectamente el comentario que me hizo José en el momento en el que me ofrecía como voluntario: «Vicente, guíanos en el camino». ¡Vaya, qué locura! Pues allí estaba yo en el borde del puente, mirando hacia el frente y de vez en cuando hacia abajo (para saber dónde me pegaría), y respirando con fuerza. Al mirar a los demás compañeros pensé que ya me encontraba comprometido no solo conmigo, sino también con los demás, de modo que prefería lanzarme al vacío antes de bajarme de allí como un cobarde.

Esa decisión cambió mi vida. Estar allí y lanzarme al vacío reforzó en mí el deseo de aprender sobre el ser humano y su disposición a hacer cosas «inusuales» y que aumenten la adrenalina. Pues bien, eso de «guiar en el camino» se repitió en mi vida durante años; en realidad, todavía lo hago. Así que me lancé hacia adelante, respiré profundo, y dejé que mi cuerpo cayera al vacío sostenido solo por una cuerda elástica atada a mis pies. Esos momentos, esos segundos, anclaron mi vida de una manera fuerte y positiva. Al llegar abajo y rebotar recuerdo que grité y grité de la alegría una y otra vez. Ese día tuve un «rompimiento de mis creencias». La primera cosa que entendí fue que mi padre se encuentra conmigo todo el tiempo, aunque no esté de manera física, y la segunda fue que en la vida debe haber un cierto riesgo que produzca placer.

¿Qué quiero decir con eso? Que todo tiene un precio, que mientras más grande sea el riesgo, más grande será el nivel de placer que experimentes. Ambos son directamente proporcionales. Albert Einstein nos lo comprueba con la ley de que toda acción genera una reacción. Y lo que esto me dice es *que tenemos que pagar el precio de nuestro éxito.*

La segunda experiencia maravillosa fue caminar descalzo sobre una cama de carbones al rojo vivo de tres metros. ¡Sí, carbones que estarían a más o menos mil grados Fahrenheit! Lo interesante de este ejercicio —que se hacía desde hace muchas décadas en algunos países africanos como manera de diversión— es que te preparas y ensayas repitiendo una y otra vez que el suelo está frío. Lo repites de tal manera y tal forma que tu mente lo toma como una verdad. Recuerda que la mente no discierne entre lo que es una realidad verdadera y una «realidad» creada por ti. La realidad era que el carbón estaba al rojo vivo. La «realidad» en mi cerebro era que estaba frío. ¡Eso me dejó desconcertado, ya que sabía perfectamente que el carbón al rojo vivo quema! Además de repetir que el piso estaba frío, tuve que mirar hacia el frente, no hacia abajo, pues de esa forma estaría viendo esa cama de tres metros de puro carbón al rojo vivo que constituía la realidad.

Cuando llegó el momento, me encontré allí parado ante el carbón, mirando hacia el frente y repitiéndole una y otra vez a mi mente que lo que iba a cruzar descalzo estaba frío. *Ja, ja, ja, loco es lo que estás, te quemarás como un tonto los pies y estarás sin poder caminar al menos una semana,* pensé en cierto momento, pero algo dentro de mí me decía que todo estaría bien. Entonces, después de algunos gritos, decidí caminar hacia adelante de una manera resuelta, pisando fuerte el carbón y repitiendo mi «verdad» de que el suelo estaba frío. Y así, después de cinco pasos, ya me encontraba encima de la grama, sacudiendo de mis pies las brasas y celebrando la «hazaña» de haber caminado descalzo sin quemarme.

Bueno, casi sin quemarme, porque después de que salí del «trance» me percaté de que se me había quedado un pedazo muy pequeño de carbón entre los dedos, el cual me recordó que el fuego realmente quema. Solo fue una pequeña ampolla, pero allí la tuve por un tiempo. Por cierto, algunas personas le tienen miedo a la palabra «trance», pero esta solo significa la ausencia de nuestra atención en un determinado momento. Con seguridad alguna vez mientras estabas en clases escuchando al profesor hablar, de repente empezaste a pensar en tu pareja o en algo. En ese instante dejaste de escuchar al profesor para entonces visualizar en tu mente esas imágenes. El profesor siguió hablando, pero estabas en trance y no lo escuchabas; de hecho, te preguntó algo y ni siquiera te diste cuenta, hasta que de pronto oíste un sonido fuerte o un grito y en ese momento volviste a la realidad.

Lo que aprendí de esta experiencia es que si realmente no nos afectan los sucesos que ocurren en nuestra vida, nos afectan las representaciones de esos sucesos. La forma en que los procesamos en la mente, nuestras creencias, definitivamente configuran nuestro destino, nuestra vida.

Quiero compartir en este libro lo mejor de lo mejor que he aprendido en el transcurso de mi existencia con grandes motivadores que han cambiado mi vida y el mundo. He tenido el placer de participar en muchos eventos y conocer personalmente a grandes hombres como Tony Robbins, el Dr. Richard Bandler (cocreador de la Programación Neurolingüística, PNL), Less Brown, Deepak Chopra, Bob Proctol, Robin Sharma, Jean Paul Dejoria, José Silva, Peter Diamandis, Stu Mittleman, Omar Periu y Néstor Sánchez, entre otros. Se trata de estrategias de vida que ayudarán a entender cómo se crea nuestro sistema de creencias en nuestra mente y de qué forma maximizarlo para tener la vida que queremos... *¡ya que nos convertimos en lo que creemos que somos!*

Tu poder interior: La semilla de la transformación y el cambio

S í, leíste bien, capítulo cero, porque esta es la base de todo el libro, así como también de cualquier cosa que quieras conseguir en tu vida. Superas tus retos y logras lo que quieres empezar, terminar o crear (ya sea algo que te guste o no) por medio de tu poder interior. ¿Qué es lo más importante que viene a tu mente cuando mencionas esas palabras? Tal vez pensemos que el poder interior es la fortaleza interna para vencer los malos hábitos o las tentaciones, como sucede al rechazar un cigarro o un dulce si estás en búsqueda de bajar de peso, o renunciar a tus impulsos inmediatos. Podríamos pensar que se trata de tener disciplina. ¿Qué es realmente la disciplina? Según la descripción del diccionario, la palabra disciplina se deriva del latín *discipulus*, que significa discípulo, alguien que recibe una enseñanza de otro. La disciplina está definida como la manera ordenada y sistemática de hacer las cosas, siguiendo un conjunto de reglas y normas estrictas que por lo general rigen una actividad o a una organización.

Se entiende como la labor que ejerce una persona para enseñar o adquirir buenos hábitos, abarcando todas aquellas reglas de comportamiento que elabora y las medidas que ocupa para cerciorarse de que dichas reglas se cumplan.

Esta explicación está muy buena, pero al final no me dice nada que pueda transformar mi vida, ni cómo ejercer la disciplina. Número uno, tú no necesitas a nadie para disciplinarte, aunque es muy importante que tengas apoyo a tu alrededor para hacer realidad tus sueños, pues todas las afirmaciones que hagas sin disciplina se convertirán solo en desilusiones. Número dos, la disciplina se basa (según mi opinión) en objetivos, no en pensamientos o emociones, ¿Que quiero decir con esto? Que la persona disciplinada no es aquella que tiene fuerza de voluntad, la persona disciplinada es la que se aferra a un plan previamente diseñado y lo cumple; sigue un comando, una orden o una instrucción. Cuando digo que aquí no influye la fuerza de voluntad, me refiero al hecho de que, si algo te gusta mucho, simplemente lo haces y punto. ¿Te cuesta mucho levantarte a las seis de la mañana? ¿Haz intentado varias formas de lograrlo sin resultados positivos? Sin embargo, solo hace falta que la «razón» por la cual te levantas a las seis de la mañana sea ir a la playa a disfrutar de tu primera salida con una persona maravillosa que te gusta, para que no sea necesaria ni la fuerza de voluntad ni nada. ¡Y tu disciplina se transformará en poder al conseguir la meta estipulada!

Las razones vienen primero y después vienen las respuestas. Lo único que realmente tienes que hacer para lograr todo lo que quieras en tu vida y disciplinarte es buscar razones lo suficientemente fuertes para conseguirlo. No se trata de la famosa lista de cosas por hacer, sino de orientar tus pasos hacia la meta claramente especificada sin que la mente ni las emociones interfieran, solo habiendo una razón lo suficientemente fuerte como para actuar. Ahora viene la pregunta del millón de dólares: ¿Y qué hago si lo que tengo que hacer no es lo que me gusta ni lo que deseo hacer, aunque sé que le haría bien a mi vida?

Tony Robbins habla de que hay cuatro clases de experiencias en la vida:

Primera clase: Experiencias agradables que hacen bien a mi vida y a los demás.

Este tipo de experiencias son las que nos hacen sentir muy bien y son buenas para tu vida y los demás. Es como estar en el cielo, ya que lo que experimentas te hace sentir alegría, júbilo, y además beneficia tu vida. ¡Buen trabajo!

Segunda clase: Experiencias no tan agradables, pero que generan un extraordinario bien.

Son esas experiencias en las que la disciplina entra en acción, donde tienes un enfoque claro y aunque requieran esfuerzo, lo haces de todos modos. En ellas salimos de nuestra zona de confort para lograr algo mejor, a pesar de que impliquen «caminar la milla extra». Aquí la corteza frontal del cerebro o lo que yo llamo el Cerebro Ejecutivo o CEO se encuentra en su máximo potencial. (Hablaremos de esto con detalles más adelante.)

Tercera clase: Experiencias que se sienten agradables, pero que no son buenas para tu vida.

Aquí se incluyen todas las versiones de lo que llamamos «darse un gustico». Muchas veces esta categoría abarca los excesos.

Cuarta clase: Experiencias que no se sienten bien y no son buenas para tu vida ni la de los demás. Te pregunto algo si te encuentras aquí. ¿Se trata de masoquismo o de viejos hábitos? Más adelante hablaré de los hábitos en un capítulo que resultará muy interesante, y como yo lo hice, aprenderás cosas que te dejarán sorprendido.

Creo que lo importante para extraerle el sumo a la vida es lograr convertir las experiencias de segunda clase en primera clase. Cuando no nos gusta hacer algo, pero sabemos que nos proporcionará un bien a corto o largo plazo para nuestra vida y los demás, ponemos en acción la autodisciplina, establecemos una meta clara, hacemos lo que tenemos que hacer... y punto. No se relaciona con tu mente, tus emociones o el ambiente, sino con tu decisión y un programa que llevar a cabo. Enfocas tu mente en hacer algo.

Recuerdo una experiencia que tuve con una de mis hijas, Samantha. Estábamos en el médico esperando que llegara la enfermera para que le pusiera a mi hija una vacuna y extrajera un tubo de sangre. Lo recuerdo como si fuera ayer, me acuerdo de la expresión en la cara de mi hija, que indicaba miedo y también el deber de hacerlo. Cuando llegó la enfermera y ella vio que era inevitable, empezó a temblar, así que le dije: «Hija el coraje de Mérida en *Brave* [Valiente], la famosa película de Disney, no se debe a que ella no tenga miedo. Lo tiene y lo vence, eso es lo más importante. Vamos, hija, saca el pecho, respira y mira hacia arriba, y repite que eres valiente y poderosa». Ella hizo una pausa, sacó el pecho, respiró y miró con fuerza y aplomo a la enfermera mientras le extraía la sangre. Al terminar, respiró y todos —la enfermera, mamá y papá— llorábamos de la emoción al ver cómo mi hija valientemente (y teniendo claro lo que quería y con suficientes razones para querer ser como Mérida) disciplinó sus emociones y pensamientos para poder conseguir el resultado. Ese día marcó el inicio de un camino para generar disciplina en mis hijas. ¿Cómo lo hago? No con gritos ni amenazas, sino con persuasión, resaltando su poder interior.

Más adelante, en el capítulo en que hablo de la visualización, les comentaré qué estoy haciendo con mis hijas para que desarrollen la visualización creativa, primer paso para el progreso en la vida, pero por el momento sigamos hablando del poder interior.

Cuando la gente afirma que no tiene poder interior, lo que quiere decir es que la cabeza dice una cosa, pero la boca hace otra. El poder interior te ayuda a decir *no quiero* o *sí quiero*. O a esperar por algo en el futuro y abstenerte de ciertas cosas hoy para tener un mejor *mañana*, aunque las distracciones y situaciones difíciles se te presenten. El poder interior es lo que va a hacer que digas no y que también decidas conseguir aquellas cosas que quieres. Es importante que tengas estas tres frases presentes, completándolas con lo que se ajuste a tu caso: *yo quiero, yo no quiero, yo deseo.*

1. **Yo quiero darle poder a...:** Estas son las cosas que tienes que hacer para seguir mejorando tu vida y la calidad de la misma. Es lo que quieres que continúe sucediendo, ya que lleva tu vida, tu salud, tus relaciones, tus ingresos, todo, al próximo nivel.

2. **Yo no quiero darle poder a...:** Aquí se incluyen esos malos hábitos más pegajosos y fastidiosos. Aquellas cosas que después de hacerlas sin querer hacen que te preguntes por qué sigues actuando igual una y otra vez, como si no pensaras. Y es que de hecho no piensas. Esta categoría abarca lo que quieres dejar de hacer, te hace daño e influencia negativamente tu vida, tu felicidad, tu salud y muchas otras esferas.

3. **Yo deseo darle poder a...:** ¿Cuáles son las metas más importantes a mediano y largo plazo que quieres alcanzar y conseguir en tu vida? ¿Lo que deseas, anhelas y sueñas? Aquí se incluyen las cosas en las que quieres enfocar tu energía.

Los seres humanos somos afortunados de tener un poder interior. La habilidad de controlar nuestros impulsos nos distingue de los animales, pero también nos distingue de otras personas, diferenciándonos por la manera en que nos vestimos, hablamos, comemos y enfrentamos los problemas; por los éxitos que alcanzamos, por lo que nos hace felices o nos pone tristes. Nos diferencia de todos y de todo, nos hace vivir más tiempo, sanos o enfermos. Somos únicos, y a esa singularidad la representa el poder interno. Por supuesto, este nos ayuda a mejorar nuestra vida. Por eso muchas veces no entendemos por qué algunos niños son excelentes en el colegio y otros no, pues la educación en nuestros días está diseñada para que «todos» la recibamos de la misma manera. Sin embargo, no es así, todos tenemos una forma particular de ver el mundo y aprender. Es como la imagen que vi en una revista de éxito, donde aparecía un pez, un mono, un elefante y un caballo intentando pasar una prueba, la cual consistía en subir a un árbol. Definitivamente, para el pez, el elefante y el caballo esto representaba un reto prácticamente imposible, además lleno de fracasos y sentimientos de ineptitud. En mi opinión, el secreto está en maximizar lo que somos y colocarnos en el ambiente adecuado para desarrollar nuestro potencial al máximo. Hemos leído y escuchado historias de gente muy exitosa que fue expulsada de sus instituciones académicas. Debemos tener mucho cuidado al etiquetar a nuestros hijos de malos estudiantes y mucho menos permitir que maestros o profesores hagan lo mismo. Tenemos que —y es nuestra responsabilidad— magnificar nuestros talentos.

La neurociencia nos indica que el poder interno se encuentra en la corteza frontal del cerebro, llamada también el director ejecutivo (CEO) del cerebro. Es allí donde igualmente se controlan las funciones de planificación, dirección y control, la memoria de trabajo, el lenguaje, el movimiento o la autoconciencia, así como la originalidad y la creatividad (para innovar hace falta conocer, lo cual indica la importancia de la memoria de trabajo). Además, esta controla los movimientos físicos, el acto de caminar y correr. Con la evolución del ser humano, la corteza frontal del cerebro se ha incrementado en tamaño y funciones. Cuando estás en tu zona de confort acostado en el sofá, tu corteza frontal es la que hace que te pares a hacer ejercicio; cuando quieres un cigarro, tu lóbulo frontal es el que hace que te enfoques en las metas de ser más sano y estar mejor, lo que te permite abstenerte; y cuando tienes que hacer algo en pro de tu sueño o meta, tu lóbulo frontal es el que hace que dejes lo que estás haciendo y actúes para conseguir aquello que quieres.

Ahora bien, ¿qué sucede cuando sientes que hay dos personas dentro de ti, o varias personas? ¿Te ha ocurrido esto? Una de ellas quiere perder peso y la otra comerse la galleta; una desea terminar el proyecto y la otra acostarse a dormir; una anhela terminar con la relación tóxica y la otra seguir procrastinando. Esto es un reto para tu poder personal, pero en este caso debes entender qué quiere cada una y darle un nombre para primero poder identificarlo y en segundo lugar «entrenar» a la persona. Esto resulta algo maravilloso.

Durante varios años he llevado a cabo el asesoramiento privado de diferentes individuos, y cuando reconozco el patrón de reto que enfrenta el poder personal, de inmediato les digo que le pongan un nombre a la personalidad comelona, retraída, decidida, alegre o emprendedora, así como también a su contraparte. Luego las presento a ambas, las comienzo a entrenar, las empiezo a condicionar; primero para que respondan al nombre y en segundo lugar para que tomen el control del cuerpo en el momento que quieran. No silencio ni bloqueo a las personas que se quieren comer las galletas de chocolate en medio de una dieta, por ejemplo, más bien les digo que le agradezcan a esa parte de su personalidad que esté allí y que trabajen con la otra parte a fin de tener resultados excelentes.

De hecho, esto del reto que enfrenta el poder interior lo hemos experimentado varias veces. ¿Alguna vez te ha pasado que entras a una tienda de ropa y ves algo que te gusta, te acercas y compruebas que el precio es $380, así que de repente vuelves a poner la prenda donde estaba? Ese es un ejemplo de conflictos o retos al poder interior, una parte tuya quiere la prenda, le gusta, pero la otra dice que no hay dinero para gastar en la ropa. Vivimos muchas veces al día este tipo de conflicto en distintos escenarios.

¿El remedio? Escribe tus metas y repite lo que quieres para tu vida, entrenándote a diario por medio de las repeticiones. Te voy a poner un ejemplo. Recientemente visité un refugio de animales, allí conocí a Robert, quien es un excelente entrenador, y le pregunté: «Oye, Robert, ¿qué hace que un perro responda a la orden de su dueño?». Él me dijo: «El entrenamiento (condicionamiento). Repetimos el patrón infinidad de veces de manera auditiva y visual. Al momento de llamarlo, reconoce la voz y allí le damos una orden, como por ejemplo: "Siéntate". Al hacer esto también el entrenador mueve el dedo índice señalando el piso. Ese conjunto de disparadores o "anclajes" crean no solo un nuevo patrón, sino una identidad».

Desarrolla tu poder interno —yo quiero, yo no quiero, yo deseo— y dale una identidad, un nombre, a esa parte de ti que quieres entrenar. Debes creer en ti, y de esa forma podrás crear cambios extraordinarios en tu vida.

CAPÍTULO 1

¿Qué es una creencia?

«DENME UNA PALANCA LO SUFICIENTEMENTE
LARGA Y UN PUNTO DE APOYO Y MOVERÉ AL
MUNDO».

—ARQUÍMEDES

Una creencia es la sensación de certeza que se tiene sobre lo que algo significa. Cuando se cree, se siente una sensación de verdad, ya sea en cuanto a un pensamiento o una experiencia. Lo interesante de este estado mental es que no necesariamente tiene que tratarse de una verdad real (que existe en la actualidad, la realidad), sino que puede ser creada completamente por la mente. Sin embargo, nuestro cuerpo reaccionará ante este estímulo mental, aunque no sea real. ¿Has oído el refrán que dice que una mentira repetida muchas veces se convierte en verdad?

Recuerdo la historia del «coco» que les contaban a los niños: «El coco te va a comer si no te duermes, el coco se aparecerá en tu cuarto» ... y otras cosas así. Con solo nombrarlo, de inmediato los niños se acostaban a dormir. Obviamente, el coco no existe, pero lo convertían en algo real. Ellos obtuvieron la creencia de que realmente existía, y sus mentes lo creyeron así, al igual que sus cuerpos. El miedo por algo hace que el corazón palpite más fuerte y la respiración se acelere. La mente no discierne entre lo que es una realidad «actual» o una creada por ti, lo cual significa que experimentarás la misma sensación por algo que recreas en tu mente o algo que vivas realmente.

Déjame ponerte otro ejemplo que, aunque es muy tonto, seguro nos ha sucedido alguna vez en nuestra vida. Estás buscando los lentes de sol y murmuras: «No encuentro los lentes de sol. ¿Dónde los habré dejado? ¡Qué fastidio! ¿Dónde los perdí? Los he buscado por todos lados y no los encuentro». Entonces, después de un tiempo buscando los lentes, le preguntas a alguien en tu casa o tu oficina: «¿Has visto mis lentes?». Y la otra persona te mira como pensando si estás jugando con ella o qué. Tú repites la pregunta y la persona te responde: «Sí, claro»... y señala tu cabeza. Lo mismo sucede cuando buscas las llaves del auto y las tienes en la mano. Con seguridad ahora que lees esto te acuerdas de alguna experiencia particular que tuviste tú mismo. Tu mente *creyó* que habías perdido algo y no lo veías.

¿Cuántas veces has sentido miedo por algo que no ha pasado aún? ¿Cuántas veces has sentido seguridad con respecto a algo cuyo resultado no conoces, pero ya «sientes» que va a ser beneficioso para ti? ¿Cuántas veces has creído que los sucesos controlan tu vida? ¿O que el ambiente o tus alrededores han contribuido a lo que eres hoy? Estas solo son verdades exclusivamente si las crees, pero la realidad influye en tu vida dependiendo de cómo la interpretes.

Consideremos la vida de esta mujer. Ella nació en la más paupérrima pobreza en Mississippi, Estados Unidos, en 1954. Su madre era una adolescente soltera y sirvienta. Su necesidad era tal que en varias oportunidades se vistió con ropas hechas de sacos de papas. Fue maltratada en su infancia, violada a la edad de nueve años y abusada sexualmente por su primo, tío y vecinos. Harta de tantos abusos decidió escapar de su casa a los trece años. Quedó embarazada a los catorce años, su hijo murió pocos días después de nacer y fue enviada a vivir con un hombre al que llamaba su padre, un minero que se convirtió en un barbero de Tennessee. Tuvo un medio hermano que murió de SIDA en el año 1989 y una media hermana que no conoció sino hasta el año 2010.

Antes de seguir con la descripción de esta «pobre» mujer, te hago unas preguntas. ¿En qué ambiente vivía? ¿Cuáles fueron sus modelos durante el crecimiento? ¿Qué educación recibió? Para muchos que hubieran conocido a esta mujer de niña, su vida sería un desastre y estaría marcada por la desgracia. Pero sigamos con la historia.

En sus comienzos en la escuela empezó a ser reconocida con honores por sus estudios, y al mismo tiempo comenzó un pequeño empleo en la radio mientras seguía estudiando. Ya a la edad de diecinueve años empezó a trabajar como coanimadora de un programa de noticias. Su espíritu y actitud de vendedora la impulsaron para más tarde ser transferida a un programa de entrevistas (*talk show*) matutino.

De allí en adelante, Oprah Winfrey se convirtió en la animadora más importante de los Estados Unidos, conduciendo su propio programa. En el año 2010 se estimó que su fortuna alcanzaba los $2,7 billones y que ganaba aproximadamente $290 millones al año. Ella es filántropa, actriz y ha hecho realidad su más reciente sueño —OWN (Oprah Winfrey

Network)— su propio canal a escala nacional. Además, es due-
ña de su propia revista y productora de Harpor Studios.[1]

Si fuera cierto que el ambiente configura tu destino, esta
mujer no hubiera tenido el éxito que tiene. Ella tomó la decisión de ser creadora de oportunidades y no una «veleta» de las
circunstancias que la vida le deparaba. Y déjame aprovechar
de una vez para decirte que debes dejar de usar los fracasos
del pasado como excusas de tu fracaso en el presente y, por
ende, en el futuro, porque de esta forma no solo estás muti-
lando tu vida, sino también buscando una razón por la cual no
triunfar ni vivir tu sueño.

Entonces ¿cuál es la realidad? Es el *significado* que le damos
a las circunstancias de nuestra vida lo que configura nuestro
destino. Nuestras creencias acerca de lo que sucede en nuestra
vida determinan quiénes somos hoy y quiénes seremos mañana.

TUS CREENCIAS DETERMINAN QUÉ PIENSAS, SIENTES Y HACES CADA DÍA

Las creencias son las que separan a un Adolf Hitler de un
Nelson Mandela. Las creencias son las que hacen la diferencia
entre un cuerpo lleno de vitalidad y otro enfermo. Nuestras
creencias destruyen o edifican, por eso tenemos que saber de

1. «Oprah Winfrey Biography», artículo emitido por A&E Television Networks para The Biography.
com y puede ser visto online en www.biography.com/people/oprah-winfrey-9534419.

manera consciente cuáles son y en qué área de nuestra vida influyen más.

Te pregunto lo siguiente: ¿Cuántas veces en tu pasado has tenido creencias a las que, sabiendo intelectualmente que no son proactivas ni tienen sentido, todavía le das el poder para controlarte de forma negativa? De igual manera, si analizamos nuestros grandes logros, sabremos sin duda que fueron nuestras creencias al sentirnos seguros y certeros las que convirtieron esos sueños en realidad.

Existen diferentes categorías de creencias, las cuales dependiendo de su intensidad podemos definirlas como:

1. **Opinión:** Esta categoría de creencias se basa en las referencias de otros; no conocemos las fuentes de las opiniones que otros nos dan. Las opiniones pueden cambiarse fácilmente, ya que por lo general se tratan de algo que no tiene mucho respaldo en nuestro sistema de creencias.

2. **Certidumbre:** Esta categoría es mucho más fuerte, ya que no se trata de una opinión y cuenta con varias referencias o sistemas de referencias no solo de otros, sino que proceden de nuestra propia experiencia. Mientras más sistemas de referencias tengamos (pruebas) más certeros y emocionalmente involucrados nos sentiremos.

3. **Convicción:** Esta categoría de creencias nos da una sensación de seguridad (convencimiento sobre algo) y es muy difícil de cambiar. Estamos completamente seguros de que es así como lo sentimos, ya que tenemos suficientes razones (sistemas de creencias) para pensar de esa manera.

Además de haber estos tres tipos de creencias, también existen dos formas de aplicarlas a nuestra vida. Una de ellas es al hablar de manera general, como por ejemplo cuando decimos: «Los latinos son...», «Las mujeres son...», «Los arianos son...», etc., y la otra está basadas en experiencias pasadas, que se evidencia cuando declaramos: «Si me pasa esto, entonces...», «Tuve una relación muy dolorosa en el pasado, así que...», «No, no pude perder peso en el pasado, de modo que...», y así por el estilo. Generalmente, cuando pensamos de este modo, lo que hacemos es rememorar esos acontecimientos del pasado y llevarlos a nuestro momento presente, y de esta forma nos sentiremos igual. ¿Has oído a la gente decir que recordar es vivir? Eso es completamente cierto. Cada vez que piensas en una experiencia del pasado y no estás desasociado de ella, experimentas de nuevo la emoción. Esto es peor aún si estás todo el tiempo pensando en ese suceso, pues lo vas a tener tan presente como si lo vivieras hoy una y otra vez. Sin embargo, ese tema lo veremos más adelante cuando consideremos el condicionamiento asociado.

CAPÍTULO 2

Neurocondicionamiento asociado

«El pasado no es igual que el futuro, a menos que vivas en él».

—Anthony Robbins

«Con solo oler el aroma de tu perfume, me transporto al día en que te conocí».

—Autor desconocido

El neurocondicionamiento asociado es el sistema que nuestro cerebro utiliza para asociar (conectar) los sucesos y condicionar nuestra respuesta, y generalmente esos sucesos son de gran intensidad o mucha repetición. ¿Recuerdas al Dr. Iván Pavlov, psicólogo ruso, y sus investigaciones acerca de los reflejos involuntarios, así como también sobre el condicionamiento del temperamento? Sin embargo, el mayor estudio de los que llevó a cabo, el cual cambió de forma radical el entendimiento sobre el condicionamiento humano, fue el del reflejo condicionado.

Pavlov observó en sus investigaciones con su perro las variaciones en su salivación al sonar una campana y al mismo tiempo ofrecerle comida al animal. Este inicialmente salivaba al tener la comida enfrente. El ejercicio fue repetido en múltiples oportunidades creando un *condicionamiento neurológico* entre la campana y la comida, lo cual daba como resultado que el perro asociara después el sonar de la campana con la presentación de la comida, aunque en ese momento no se le diera nada. El animal de igual manera comenzaba su proceso de salivación, ya que conectaba el sonido (estímulo auditivo) con la comida (estímulo olfativo y gustativo).

Este estudio marcó la pauta en las investigaciones de cómo nosotros los seres humanos podemos reaccionar o condicionarnos en nuestra vida. ¿Podemos entonces nosotros también volver a condicionarnos luego de esos sucesos que nos han marcado de manera dolorosa, triste, limitada y miedosa? ¡Completamente! Y no solo eso, podemos crear nuevos condicionamientos, asociarlos a experiencias y transformarlos en poder. No estamos limitados en nuestras respuestas, sino que hemos estado condicionados a respuestas limitadas, y eso puede cambiar en el momento en que condiciones tus asociaciones de forma más poderosa.

Esa es la gran diferencia entre una persona que rompe récords y otra que se quebranta por cosas triviales. Esa es la gran diferencia entre decir: «No puedo más» y renunciar a un sueño, o afirmar: «Lo quiero, puedo y lo lograré». Esa es la diferencia entre la cobardía y el coraje, entre la determinación y el miedo, entre seguir viviendo una vida mediocre o una con total plenitud.

Quisiera compartir una historia. Había una vez un maestro de la India al que le gustaba conversar con su clase; al parecer el maestro poseía una gran sabiduría y podía contestar cualquier pregunta y hablar de cualquier tema. Un estudiante decidió jugarle una broma al maestro y hacerlo quedar en ridículo, así que al salir de clases decidió prepararle una trampa. La artimaña consistía en colocar a un pajarito entre sus manos y tenerlas detrás de la espalda. El estudiante le preguntaría al maestro si el pajarito que tenía en las manos estaba vivo o muerto. En el caso de que el maestro respondiera que estaba vivo, el estudiante apretaría las manos con tal fuerza que mataría al pajarito, y si le dijera que estaba muerto, pues entonces abriría las manos y lo dejaría volar. Al día siguiente el estudiante se puso de pie en la clase y le dijo al maestro: «Tengo entre mis manos atrás de mi espalda un pajarito. Como usted lo sabe todo, me gustaría que me respondiera y dijera si el pajarito que tengo en mis manos está vivo o muerto». El maestro miró al estudiante con una pequeña sonrisa llena de paz y le respondió: «La respuesta está en tus manos».

Ahora yo te digo: *La respuesta de tu vida está en tus manos.* Eres tú el que puede transformar tu vida, no el ambiente, no los amigos, no los padres. Tú eres el único que puedes determinar si te estás ahogando en un vaso de agua o te tomarás esa agua para pararte y seguir adelante. Siempre he pensado que el metal se pule con metal, que en nuestros momentos de desesperación está la semilla de la iluminación, que en los momentos difíciles es donde nuestra alma se desarrolla. Es allí donde se encuentra el néctar del cambio y la transformación.

Ahora bien, ¿cómo lo hacemos? ¿Cómo podemos volver a condicionarnos? Muy sencillo, y cuando digo sencillo no le quito importancia al proceso que puedes estar atravesando en este momento. Lo que sucede es que pensamos que el cambio o el progreso resultan muy difíciles y no es así, sino más bien solo tenemos que darle un significado diferente a la experiencia que vivimos o estamos viviendo, lo cual hacemos por medio de la logoterapia.

CAPÍTULO 3

La logoterapia

«ENTRE ESTÍMULO Y RESPUESTA HAY UN ESPACIO. EN ESE ESPACIO ESTÁ NUESTRO PODER DE ESCOGER NUESTRA RESPUESTA. EN NUESTRA RESPUESTA RADICA NUESTRO CRECIMIENTO Y NUESTRA LIBERTAD».

—VIKTOR E. FRANKL

«LA MENTE NO DISCIERNE ENTRE LO QUE ES UNA REALIDAD EN LA "ACTUALIDAD" Y UNA CREADA POR TU MENTE».

—ANTHONY ROBBINS

Para hablar de esta técnica fundada y desarrollada por el Dr. Viktor Emil Frankl, conocido como «el doctor del pabellón de la muerte» en el hospital psiquiátrico de Vienna (un sobrenombre que responde al hecho de que este doctor atendía a personas muy deprimidas y que buscaban suicidarse), quiero primero compartir la fascinante y conmovedora historia que motivó al Dr. Frankl a crear y desarrollar esta técnica de «la terapia del significado».

Esta historia de la vida real comenzó el 25 de septiembre de 1942 cuando el Dr. Frankl fue secuestrado junto a su esposa y conducido al campo de concentración Theresienstadt, creado por la SS Nazi durante la Segunda Guerra Mundial. Fue llevado a ese lugar debido a sus credenciales en el cuidado de personas suicidas, para que allí las ayudara a recuperarse de las pérdidas de familiares y amigos.[1] Uno de los métodos brillantes del Dr. Frankl fue que se basó en las preguntas de poder y certeza que se hacían con el fin de salvarle la vida a la mayor cantidad de prisioneros judíos que se encontraban en el campo de concentración.

Desarrollar esa estrategia de preguntas de poder solo te dará la posibilidad de tener ese mismo tipo de respuestas

---

1. Maribel Rodríguez, «El legado de Viktor Frankl», *El País*, 4 enero 2017, http://logoforo.com/el-legado-de-viktor-frankl.

poderosas, al igual que si haces preguntas dudosas o tontas, inevitablemente así mismo serán las respuestas. El Dr. Frankl desarrolló maneras de sentirse útil, además de la posibilidad de llevar a cabo extraordinarias técnicas para ser capaz, incluso en las situaciones más difíciles o adversas, de generar un punto de vista diferente, lleno de certeza y seguridad. Fue gracias al sufrimiento que experimentaron él y los demás en esos campos de concentración que arribó a la brillante conclusión de que, aunque nos encontremos en las situaciones más absurdas, dolorosas y deshumanas, la vida puede tener un poderoso significado. De esta manera, hasta sufrir puede generar algo poderoso si decidimos pensar de esa forma.

Estas bases de información y experiencias llevaron al Dr. Frankl a crear y desarrollar la técnica de la logoterapia, que resulta de dos términos griegos: *logos*, que quiere decir «significado» y *therapeia*, que significa «acompañar, tratamiento». Quiero aprovechar esta oportunidad y compartir un pasaje de su libro *El hombre en busca de sentido*, el cual te recomiendo que leas:

En la oscuridad tropezábamos con las piedras y nos metíamos en los charcos al recorrer el único camino que partía del campo. Los guardias que nos acompañaban no dejaban de gritarnos y azuzarnos con las culatas de sus rifles. Los que tenían los pies llenos de llagas se apoyaban en el brazo de su vecino.

Apenas mediaban palabras; el viento helado no propiciaba la conversación. Con la boca protegida por el cuello de la chaqueta, el hombre que marchaba a mi lado me susurró de repente: «¡Si nos vieran ahora nuestras esposas! Espero que ellas estén mejor en sus campos e ignoren lo que nosotros estamos pasando». Sus palabras evocaron en mí el recuerdo de mi esposa.

Mientras marchábamos a trompicones durante kilómetros, resbalando en el hielo y apoyándonos continuamente el uno en el otro, no dijimos palabra, pero ambos lo sabíamos: cada uno pensaba en su mujer. De vez en cuando yo levantaba la vista al cielo y veía diluirse las estrellas al primer albor rosáceo de la mañana que comenzaba a mostrarse tras una oscura franja de nubes. Pero mi mente se aferraba a la imagen de mi mujer, a quien vislumbraba con extraña precisión. La oía contestarme, la veía sonriéndome con su mirada franca y cordial. Real o no, su mirada era más luminosa que el sol del amanecer.[2]

El Dr. Viktor, pese a estas horribles circunstancias, buscó la manera de enfocarse y darle a esa terrible caminata un significado diferente pensando en ese momento en su esposa.

2. Viktor E. Frankl, *El hombre en busca del sentido* (Barcelona: Editorial Herder, 1991), p. 27.

Además, si te das cuenta, en la historia él habla de ver y oír, es decir, que acompaña esa imagen con sonidos, lo cual la hace más rica en PNL (Programación Neurolingüística). Representar las imágenes en forma de película, viéndolas más cerca y con colores brillantes, hace que sientas más aquello que estás representando. De la misma forma, si representas los acontecimientos dolorosos de tu vida así, los vas a vivir con mucha más intensidad.

¿CUÁLES SON LAS BASES DE LA LOGOTERAPIA?

La logoterapia se fundamenta en la búsqueda a través de la fuerza interior del significado de nuestra vida por medio de tres principios básicos:

1. La vida tiene un significado o sentido bajo cualquier circunstancia, inclusive la más miserable.

2. Nuestra principal motivación para vivir es nuestra voluntad de encontrarle sentido a la vida.

3. Tenemos la libertad para encontrarle sentido a lo que hacemos y lo que experimentamos, o por lo menos para determinar la posición que se asume cuando enfrentamos una situación de sufrimiento inmutable.

¡Qué interesante esta manera de ver las cosas, o lo que yo llamaría esta aptitud ante la vida! Existe una diferencia entre «aptitud» y «actitud». La actitud es la forma en que te comportas, tu estado de ánimo ante las experiencias de la vida, tu filtro para ver la realidad de cierta manera. Tu actitud positiva o negativa incide directamente sobre ti y puede cambiar el resultado de determinado suceso. Debes estar atento al uso de tu actitud y es muy importante que la emplees dependiendo del resultado que quieres obtener. Créeme, no siempre tener una actitud positiva resuelve tus problemas, así como tampoco los resuelve una negativa, pero el uso de las dos constituye una herramienta maravillosa. Por otra parte, la aptitud se refiere a tu capacidad. La palabra proviene del latín *aptus*, y yo personalmente la defino como la manera que tienes de ver la vida o las cosas que pasan en ella. Tú estás apto para darle a las circunstancias una visión diferente. Puedes cambiar de actitud (estado de ánimo), pero hay veces en la vida que por más que cambies de actitud no solucionas nada, entonces tienes que cambiar de aptitud y esa es la manera como ves las cosas, tu punto de vista, tu percepción. Por cierto, déjame decirte que para mí es mucho más poderosa la aptitud, ya que pase lo que pase buscarás la manera de aprender y encontrarle un significado, un sentido poderoso a tu vida. Estos dos conceptos los desarrollaremos con más detalle más adelante.

¿Entonces, qué hemos aprendido hasta ahora? Búscale con todas tus fuerzas un sentido a tu vida y le darás un significado diferente pese a las condiciones en las que te encuentres, los problemas y las circunstancias adversas. Busca la manera de encontrar el bien de cada situación.

El sentido que le des a tu vida resulta tan poderoso que puede ser que estés preso y te sientas libre, como le sucedió a Nelson Mandela, el antiguo presidente sudafricano que estuvo veintisiete años encarcelado por pensar de manera diferente y querer la libertad y la igualdad en Sudáfrica. Te recomiendo que veas la película *Invictus* [Invicto], que te permitirá saber un poco más sobre la estrategia que utilizó este líder para sacar a su país adelante. Así que puedes estar preso como él y sentirte libre, o puedes estar en libertad y vivir preso en tu mente. No es lo que sucede fuera de ti lo que realmente te afecta, más bien es cómo interpretas esa situación lo que hace que te sientas o actúes de cierta forma. Te hago una pregunta: ¿Qué quieres en tu vida? ¿Romper récords o quebrantarte por cualquier situación? ¿Recuerdas el dicho: «Al mal tiempo buena cara»? ¿Sabes lo que significa? Quiere decir que el tiempo (fuera de ti) es incontrolable, no puedes controlar todo lo que ocurre en tu vida, pero enfrentarlo con buena cara depende exclusivamente de ti.

Una de las cosas que probablemente hacemos todo el tiempo en nuestro cerebro cada día es contarnos historias sin poder. Albert Einstein, un físico alemán que desarrolló la teoría de la relatividad, dijo que dos cuerpos no pueden ocupar el mismo espacio al mismo tiempo. Lo mismo pasa con tus pensamientos. Si tienes pensamientos de tristeza, carencia, miedo y otras cosas por el estilo, no existe manera de que te sientas bien, ya que le estás dando un sentido no-proactivo a tu vida. De igual manera, si tienes pensamientos de prosperidad, paz, felicidad y alegría, es muy probable que te sientas así. Lo que no puedes es pensar de las dos maneras al mismo tiempo, pues, aunque lo hagamos muy rápido, solo tenemos un pensamiento a la vez. Ahora bien, ¿cómo podemos cambiar o transformar esas «metáforas» limitadoras en metáforas de poder? ¿Qué es una metáfora y cómo incide en nuestra vida? Ese es el tema del capítulo siguiente.

CAPÍTULO 4

Las metáforas

«Nuestro pasado es una historia que existe solo en nuestras mentes. Busque, analice, comprenda y perdone. Luego, tan pronto como sea posible, deshágase de él».

—Marianne Williamson

«La terminología que usas para representar tu vida es directamente proporcional al resultado que obtengas de ella».

—Vicente Passariello

M e siento tan feliz que me parece que estoy flotando en el aire.

Me siento ahogado.

Es más sordo y terco que una pared.

No les des perlas a los cerdos.

Andando y con el mazo dando.

Tengo mil kilos sobre mis hombros.

He llegado a un punto sin retorno en mi vida.

Todas estas frases constituyen metáforas. ¿Qué son las metáforas entonces? Son símbolos. Y como tales pueden crear un impacto emocional mucho más rápido que las simples palabras; de hecho, pueden transformarnos instantáneamente ¿Qué te impacta más rápidamente, la palabra *nazi* o el símbolo de la esvástica, la palabra *judío* o la estrella de David? Por ejemplo, qué tal si le preguntas a alguien como está y te dice que, sobreviviendo, o que con apenas la cabeza fuera del agua, o entre la espada y la pared. ¿Qué te hace sentir?

Las metáforas son una herramienta importantísima que influye en nuestra manera de sentirnos, ya que al usarlas estás llevando a cabo una representación de lo que sientes. ¿Recuerdas el capítulo anterior sobre la logoterapia? Pues al usar metáforas limitantes estás creándole a esa expresión su significado.

Durante miles de años los signos se han utilizado como forma de expresión. Vas a tener una reacción más rápida y profunda si te enseño la señal de la cruz, aunque solo sean dos líneas cruzadas, que si te digo la palabra *cristiano*.

Hagamos el siguiente ejercicio. Piensa en algún problema que tengas que resolver y sientas que es una carga muy pesada sobre tus hombros, luego repite: «Siento que estoy pegado al piso. Siento que esto que tengo sobre mí pesa un mundo». Muy bien, continúa pensando cada vez en más peso y más peso hasta que ya no puedas más con esa carga sobre tus hombros. ¡Excelente! Lo interesante de este ejercicio (si lo hiciste con pasión) es que debes haber sentido ese peso en tus hombros o al menos una incomodidad en esa parte de tu cuerpo. ¿Sabes por qué es así? Porque estás usando una forma de representación llamada Sistema de Activación Reticular (SAR). No entraremos en detalles científicos, pero esto es algo de lo que todos los seres humanos hacemos uso y significa que vas a «ver», a «darte cuenta», a «percibir» aquello donde enfocas tu atención.

Por ejemplo, en este momento tu cerebro está realizando miles de funciones, pero si te digo que te enfoques en escuchar tu respiración, ¿la escuchas ahora? De hecho, la has oído desde que naciste, pero ahora la percibes, porque te pedí que te enfocaras en ella. Recuerdo un seminario —excelente por demás— con el Dr. Deepak Chopra llamado «Sincrodestino», en el cual mencionaba que estamos donde esté nuestra atención. Si nuestra atención está en el pasado, nosotros estaremos allí. Si nuestra atención está dividida en dos lugares, nosotros estaremos divididos. *Tu atención marcará la pauta de cómo piensas y a su vez de cómo te sientes y, por ende, de las acciones que generarán resultados en tu vida.* El SAR es un ingrediente importantísimo en nuestra vida, porque en dependencia de dónde enfoquemos nuestra atención, así será nuestra vida. ¿Te ha ocurrido alguna vez que cuando estás determinado a encontrar alguna solución para algún problema, lo logras? ¿Y que cuando dices que no puedes y te enfocas en pensar que no hay solución, no lo consigues? Ese es tu SAR. Tu sistema busca similares, busca aquello en lo que enfocas tu atención.

LA CLARIDAD ES PODER. SÉ ESPECÍFICO.

Miguel Urdaneta, un gran amigo, excelente productor de comerciales en Nueva York y presidente de H2O Films, me dijo un día: «Vicente, deja de enfocarte en los centavos que están en el piso y empieza a ver los billetes de $100 que están volando por tu cabeza». Esa metáfora cambió mi vida. En esa época yo trabajaba en un restaurante de ensaladas en Lincoln Road, en Miami Beach. Estaba recién llegado a Estados Unidos y tuve la dicha de conocer al futuro inversionista del restaurante y a dos extraordinarios trabajadores, un chef y un mánager, Carlos y Jorge, respectivamente. Así que los presenté a los tres y decidimos abrir un restaurante de ensaladas. Para hacerles la historia corta, a la mitad de la construcción nos quedamos sin dinero. Ya se había invertido cerca de $250,000 y no habíamos abierto ni las puertas. Recuerdo que pinté, monté paredes, hice conexiones eléctricas, de todo. Una vez que abrió el restaurante, me encargué de la barra, donde se hacían jugos naturales y también cafés y capuchinos, los cuales resultaron una sensación, ya que les ponía crema. En realidad, en la temporada baja el restaurante se mantenía prácticamente por los batidos, capuchinos y los extraordinarios postres que hacia el chef.

Todos los días viajaba desde South Beach hasta un lugar donde me quedaba a dormir en Boca Ratón. Llegaba al restaurante a las diez de la mañana y salía alrededor de las once de la noche, y los fines de semana a la una de la madrugada. Mi salario eran solo las propinas, que podían ir desde nada hasta $30, y algunos fines de semana llegaban a $50. Esa era mi vida de supervivencia. Mi primera multa de estacionamiento me costó $18, y recuerdo todavía que me puse a llorar en la acera por lo que representaba para mí esa cantidad de dinero. Era una comida menos o menos gasolina para mi camioneta Chevy vieja, que no tenía aire acondicionado, aunque pensándolo bien, aunque lo tuviera no podía encenderlo, porque consumía mucha gasolina. Mi vida se resumía en esa época a un espacio de un metro por cuarenta centímetros (mi lugar detrás de la barra) y al olor de la cocina todo el santo día.

Después del comentario de mi amigo, sentí que algo se rompió dentro de mí, fue como si al fin reaccionara, y entonces tomé la decisión de irme del restaurante y empezar a trabajar en lo que había hecho en Venezuela: animación, modelaje y actuación. Les comenté a mis socios mi determinación de irme, pero me dijeron que no tenían dinero para pagarme el diez por ciento de mi participación, así que les dije que se los regalaba. Sentía que estaba perdiendo miserablemente mi vida oliendo a comida todo el día; teniendo que limpiar el «atrapa grasa», que es una especie de caja de metal que está en el piso y evita que las grasas salgan a las cañerías; y saliendo del trabajo cansadísimo y con ganas de acostarme a dormir, pero teniendo antes que manejar al menos una hora para llegar al lugar donde estaba durmiendo. Todo eso y más fueron razones poderosas que me llevaron a decidir firmar mi renuncia y marcharme en búsqueda del éxito en aquello que me gustaba y me hacía sentir mejor. Siempre he pensado que uno no debe evitar sentirse frustrado o molesto, más bien lo que no debe es suavizar esa situación, no debe pasarla por alto o ignorarla. Considero que esas emociones son perlas para la transformación de la vida, pues justamente así es que se logra. De modo que esa metáfora que me comentó mi amigo fue el propulsor que necesitaba para enfocar mi vida en esos billetes de $100, como me dijo él, y no mirar más los centavos que estaban en el piso (los cuales literalmente me agachaba a recoger si veía uno).

Sin darme cuenta en ese momento estaba utilizando una de las herramientas más poderosas del ser humano: *el poder de decisión*. Antes de terminar este capítulo, quiero que consideres la extrema importancia de las metáforas. *Las metáforas que uses conformarán tu vida, representarán tu vida de la manera como la vives.* Según hables de ellas y las uses, así será la forma en que pensarás y de ese modo sentirás y actuarás.

Por lo tanto, aquí te presento algunas metáforas sencillas que puedes añadir al vocabulario de tu vida:

- Me siento imparable como un toro.

- Ante los acontecimientos de la vida, soy flexible como un bambú.

- Soy como el rey Midas, todo lo que toco lo convierto en oro.

- Me siento como pez en el agua.

- Todo lo que necesito, ya está en mi vida ahora.

- Nada es más poderoso que una idea a la que le ha llegado su tiempo.

CAPÍTULO 5

Las decisiones

«Jamás dejes que las dudas paralicen
tus acciones. Toma siempre todas
las decisiones que necesites tomar,
incluso, sin tener la seguridad o
la certeza de que estás decidiendo
correctamente».

—Paulo Coelho

«Las decisiones configuran tu
destino, escoge sabiamente».

—Anthony Robbins

En Estados Unidos, desde el momento en que te registras como votante, tu nombre entra en una inmensa lista para ser escogido en algún momento como jurado. De hecho, hoy me encuentro siendo uno de esos nombres y números, el mío es 619. Este tipo de servicio obligado por el gobierno tiene como finalidad que se establezca un veredicto lo más justo posible en los casos civiles (como este en el que estoy participando) o criminales. El destino del acusado descansa en las manos y las decisiones del jurado en ese momento.

¡Qué importantes son las decisiones en nuestra vida! Una decisión puede generar un movimiento mundial, como lo podemos ver en la historia de Jason Russel, fundador de la organización Invisible Children [Niños invisibles] y cocreador del documental «Kony 2012», visto por más de cien millones de personas en YouTube, el cual empieza con la frase: «Nada es más poderoso que una idea a la que le ha llegado su tiempo. Su tiempo es ahora».[1] Este documental cuenta cómo Jason al viajar a África conoce a Jacob y le promete que va a hacer todo lo posible para detener a Joseph Kony, líder de la guerrilla en Uganda, que secuestra niños para convertirlos en sus seguidores y militantes por medio de la violencia. Así que esa

1. «Kony 2012», video emitido por Invisible Children en Youtube.com y puede ser visto online en https://youtu.be/Y4MnpzG5Sqc.

promesa, esa decisión, desencadenó una serie de sucesos y acciones alrededor del mundo en búsqueda de detener a este genocida. Todas las acciones que llevemos a cabo tienen una reacción, todas las decisiones que tomemos cada día configuran nuestra vida y al final nuestro destino.

¿Sabías que amar es una decisión? Así que, ¿a quien decidirás amar en el día de hoy? ¡Empieza por ti! La palabra «decidir» proviene de los términos en latín *de*, que significa «de» y *caedere*, que significa «cortar». Cuando se toma una verdadera decisión, se «corta» con cualquier otra posibilidad existente.

En la cábala se habla de que el destino realmente no existe como un futuro predeterminado como tal, sino que a través de las decisiones que tomamos en nuestro presente escogemos consciente o inconscientemente el camino a seguir, a través del cual podremos experimentar resultados completamente diferentes. Y hablo de «experimentar» porque la representación de lo que sucede es lo que realmente nos afecta de una forma motivadora o no. O sea, siempre estamos decidiendo cosas, haces algo y tiene un resultado, dejas de hacer algo y eso también conlleva un resultado. La llamada ley de causa y efecto establece que cada cosa que haces genera un resultado para ti.

Se dice que el éxito es el resultado de las buenas decisiones, las buenas decisiones son el resultado de la experiencia, y esta experiencia es el resultado generalmente de malas decisiones. Nunca estaremos libres de las malas decisiones, lo importante es aprender de ellas para no volver a caer en las mismas

equivocaciones. Con frecuencia los seres humanos queremos resultados diferentes en nuestras vidas, pero seguimos
tomando las mismas decisiones. Einstein catalogó esto como
la definición de locura: hacer lo mismo una y otra vez y querer
obtener resultados diferentes.

¿CÓMO SE TOMAN LAS DECISIONES?

En realidad, todos hemos tomado decisiones en múltiples oportunidades. Esto es como un músculo que se va fortaleciendo
a través de la práctica y la repetición, que es la madre de la
habilidad y la permanencia. Mientras más decisiones tomemos
para llegar a la meta, en pro de lo que queremos en la vida,
más fácil será para nosotros hacerlo. Recuerda que la decisión
«corta» con todo lo demás. Para las personas que creen que no
toman decisiones, *no tomar una decisión es una decisión*, lo que
pasa es que no tomar decisiones transfiere la responsabilidad
a lo que está fuera de nosotros. ¿Recuerdas algún momento en
tu vida en que no tomaste una decisión y la vida lo hizo por ti,
quizás de manera más fuerte o drástica?

Vamos a hablar claro, la razón por la cual no tomas una
decisión es porque realmente enfrentas un dilema, es decir,
sientes una ambigüedad cuando el hecho de tomar una decisión da como resultado dos opciones y ambas son dolorosas
para ti. Ya que tu cerebro esta buscando protegerte (tenlo por

seguro), experimentas esa duda. Es como si la vida te preguntara: «¿Quieres recibir un golpe en la cara o en el estómago?». No quieres ninguna de las dos cosas, pero entonces tienes el dilema de escoger una, ya que consideras que no hay más opciones para ti. Sabes que debes decidir, pero tienes miedo de escoger, pues ninguna de las opciones del menú te gusta lo suficiente como para decir: «Esto es lo que quiero».

Déjame ponerte un ejemplo. Vas a comprar un auto y los colores que hay disponibles son azul y rojo. Ninguno de los dos te encanta, pero te inclinas un poco más hacia el rojo. Sin embargo, al pensar que vas a manejar un auto rojo, recuerdas que un amigo tuyo o tu familia te dijeron que el color rojo era más propenso a los accidentes (de hecho, lo es), y entonces tu cerebro empieza a buscar la manera de protegerte y evitar el dolor, comienzas a dudar, tu dilema hace que ya ni disfrutes el proceso de comprar un auto nuevo. Si tienes dos opciones y ninguna de las dos te agrada, eso dará lugar a un dilema. Más adelante verás qué hace el líder cuando la vida le presenta dos opciones solamente, ya que el liderazgo nace muchas veces de la creación de esa tercera opción que no existe aún.

¿Sabes algo que es completamente seguro? En algún momento vas a echar a perder las cosas, vas a «meter la pata», sí, te vas a equivocar, eso te lo garantizo, pero mientras te hagas responsable de aquello que decidas, asumirás ese compromiso que tienes delante de ti, lo cual te fortalecerá por dentro y afianzará tu carácter. Así que adelante, te invito a tomar decisiones de forma consciente, en un estado de poder, seguridad y certeza. ¿Y qué es la certeza? Es esa creencia que yace dentro de ti y te da la sensación de seguridad interna.

Debes tomar decisiones y sobre todo disfrutar el proceso de hacerlo. Celebra cada vez que hagas una decisión con respecto a asuntos en los que antes dudabas y tardabas mucho tiempo en tomar una determinación, de este modo les enseñarás a tu cuerpo y tu mente que tomar decisiones es un placer. ¡Así que toma decisiones! Y piensa mucho antes de cambiarlas, pues eso creará el hábito y la fortaleza en ti para mantenerlas. A la larga te darás cuenta de que tu palabra tiene poder. Cada vez que digas algo, que sea con poder, con verdad. Recuerda que aquello que declaras con intensidad, seguridad y teniendo la estrategia efectiva, tiende a materializarse. Además, solo recuerda todas las decisiones que quizás tomaste en el pasado y te dieron resultado, todos los cambios y transformaciones que decidiste en tu pasado y se cumplieron, si pudiste hacerlo antes, estoy seguro de que lo lograrás nuevamente. Y si no te acuerdas de ninguna, pues te invito a que decidas empezar ahora y te des la oportunidad de expandir tu vida y tomar el control de ella.

¿Cuáles son las tres decisiones más importantes que debemos hacer y por qué son tan importantes?

1. **¿Dónde enfocar nuestra atención?** Tú estás donde enfocas tu atención. Si tienes que tomar una decisión por más insignificante que sea (tomar decisiones

desarrollará ese músculo mental que te ayudará a hacerlas cada vez más fácilmente), enfócate en el resultado que quieres alcanzar, no en lo que quieres evitar o en el miedo, porque entonces eso es lo que vas a decidir.

2. **¿Qué representan las cosas para nosotros?** Decidir qué *re-presentan* (doble presentación, primero en lo que ves y después en lo que significa para ti, recuerda la logoterapia) los acontecimientos para ti va a darte un abanico de posibilidades para poder resolver cualquier situación, porque una cosa es lo que sucede y otra lo que eso significa para ti.

3. **¿Qué hacer para alcanzar nuestros objetivos?** En Programación Neurolingüística (PNL) hay un ejercicio de visualización creativa en donde tú te ves ya con la meta (sueño con fecha) alcanzada. Te sientes con esa meta ya en tus manos y empiezas a retroceder como en una película hasta el día de hoy, de esa forma sabrás cuáles son los pasos que tienes que dar para llegar a tu meta, a eso que quieres alcanzar y lograr.

Te invito a que actúes, ya que sin la acción no consigues realizar nada. La acción es lo único que puede convertir lo intangible en tangible. Te propongo que lleves a cabo diez días de prueba. En los próximos días, enfócate en «darte cuenta» de las decisiones que estás tomando. Si no tomas decisiones, la vida las tomará por ti. Tu compromiso es de diez días, solo diez, tú puedes hacerlo.

He aquí algunas decisiones en las cuales enfocarte durante estos días:

- Decide sentirte bien.

- Decide estar feliz.

- Decide mantenerte sano.

- Decide amar.

- Decide enfocarte en la prosperidad.

- Decide que hoy sea un día maravilloso.

- Decide sonreír sin razón.

- Decide levantarte en las mañanas con optimismo.

- Decide donar.

- Decide actuar.

- Decide crecer.

- Decide perdonar.

- Decide hacer la prueba de estos diez días.

Ese pequeño cambio de permanecer observando qué decides hará que te enfoques en las metas, en la proactividad de los acontecimientos.

Ahora bien, ¿qué pasa si no cumples con tu compromiso, con tu decisión? ¿Qué haces para lograr eso que sabes que es bueno para tu vida y la de tu familia? Debes ya empezar a desarrollar la *determinación*.

Yo explico la determinación como la decisión más la acción, eso es lo que realmente va a ayudarte a generar resultados. Cuando estás determinado, estás listo, cuando estás determinado el asunto ya está resuelto.

No obstante, dentro de este proceso de decidir, de estar determinado, existen dos elementos que se encuentran implícitos en la vida de cada uno de los seres humanos. Te digo esto porque hay muchas veces que queremos hacer algo y no lo hacemos, aun sabiendo que generará un cambio en nuestra vida o que puede hasta salvarnos. Por hábito o costumbre permanecemos sin hacer nada. Así que debemos descubrir y manejar de una manera extraordinaria dos emociones importantísimas, dos maestros que determinan nuestro comportamiento y acciones, ellos son el *placer* y el *dolor*.

CAPÍTULO 6

El placer y el dolor

«EL PLACER Y EL DOLOR SON LOS DOS
MAESTROS QUE GUÍAN LOS CAMINOS
EN TU VIDA, ESTAMOS DISEÑADOS PARA
ALEJARNOS DEL DOLOR Y ACERCARNOS AL
PLACER».

—VICENTE PASSARIELLO

Tenemos distintas religiones, diferentes creencias, situaciones de vida que para algunos representa algo positivo y para otros, negativo, para unos algo obsceno y para otros normal. Entonces, ¿cuáles son los maestros de los cuales podemos aprender si sabemos cómo manejarlos? ¿Cuáles son las dos sensaciones, esos sentimientos que todos los seres humanos tenemos, sin que importe lo que creas ni dónde vivas, tu educación ni tampoco tus creencias? Estas emociones son el placer y el dolor.

Los seres humanos utilizamos estas dos emociones. *Nos acercamos al placer y nos alejamos del dolor.* ¡Siempre nos acercaremos al placer y evitaremos el dolor! Estamos diseñados neurológicamente de esa forma. Sin embargo, algunas veces podemos utilizar el dolor para manipular a fin de alcanzar un placer posterior, actuar de manera masoquista haciéndonos daño para recibir atención o alguna otra satisfacción, o experimentándolo de muchas otras maneras para lograr una conquista o un bien mayor a largo plazo. ¿Te acuerdas de los pilotos elite de la aviación japonesa llamados *kamikazes*? Estos pilotos realizaban ataques suicidas con tal de retrasar el avance de los navíos de los aliados a finales de la Segunda Guerra Mundial. Te pregunto, ¿crees que estos pilotos no sintieron miedo, dolor e incertidumbre? Claro que sí, pero en sus mentes tenían creencias acerca del honor, respeto por su país, amor por sus familias, de modo que, si entregaban sus vidas matando a algunos enemigos, estas tendrían un valor mayor (placer).

El dolor también puede ser una herramienta que té catapulte hacia tu sueño o meta. ¿Haz leído la famosa historia de Michael Jordan, el mejor jugador de la NBA de todos los tiempos? Jordan nació con talento, pero no con la disciplina necesaria, por eso a los catorce años su entrenador lo expulsó del equipo y él se fue frustrado a su casa a llorar debido al dolor que sintió por la pérdida. ¿El resultado? Regresó a pedirle al entrenador que lo reintegrara al equipo al año siguiente, con la promesa de que daría todo de sí en la cancha. Ese dolor que sintió transformó su vida y su destino.[1]

Podrás tener talento para algo y ese ser el regalo que la vida tiene para ti, pero si no posees disciplina y compromiso a largo plazo, quedarás inmerso en el fracaso y la depresión. Usa el dolor como una catapulta en tu vida y da ese salto cuántico que tanto deseas. Debes tener muy claro que tu cuerpo siempre reaccionará de la misma manera: buscarás sentir placer y evitar el dolor, ya sea causado por un evento real o uno creado por tu mente.

Ahora bien, ¿por qué sentimos dolor? ¿Qué es el dolor? El dolor es una experiencia sensorial (objetiva) y emocional

---

1. «How Rejection Catalyzed Zuckerberg, Michael Jordan And Other Winners», artículo escrito por Jason Comely para Business Insider.com y puede ser visto online en www.businessinsider. com/how-rejection-catalyzed-zuckerberg-michael-jordan-and-other-winners-2010-11.

(subjetiva), generalmente desagradable y que pueden experimentar todos aquellos seres vivos que disponen de un sistema nervioso. O sea, que puede ser ocasionado por un cambio en tu estructura física. La función fisiológica del dolor es indicarle al sistema nervioso que una zona del organismo está expuesta a una situación que puede provocar una lesión. O también puede ser creado por tu mente a través de tus pensamientos y sentirás las mismas emociones físicas sin que haya algún daño. Recuerda que la mente no discierne entre lo que es la realidad en la actualidad y una fantasía que tú haces real.

Los pensamientos que procesamos no nos sobrevienen, nosotros los creamos a través de estímulos externos e internos. Entonces, ¿qué produce el dolor? En nuestro cuerpo existen detectores de las señales nocivas que se llaman *nociceptores*. Los nociceptores son terminaciones nerviosas libres de neuronas sensitivas primarias que se encuentran en los ganglios. Existen dos clases de nociceptores. Las *fibras A delta* conducen impulsos nociceptivos, son muy pequeñas y pasan rápidamente electricidad. Por ejemplo, cuando te pisan un dedo sientes un dolor muy intenso al principio, un dolor rápido que genera una reacción inmediata en ti. Después, experimentas un dolor lento y más prolongado que es ocasionado por las *Fibras C*. Así que son dos las maneras que tiene el cuerpo de reaccionar ante este suceso que le está causando un daño, ante lo cual hará todo lo posible para protegerse. Esto lo logrará por medio del dolor, creando inmediatamente una respuesta de todo su sistema nervioso. En pocas palabras, reaccionamos más rápidamente ante un suceso doloroso (ya sea real o creado por tu mente) y lo evitamos a toda costa. El dolor también nos sirve para alertarnos de algo; en el caso físico nos avisa de que algo no está funcionando bien.

Por otro lado, el placer es el sentimiento o sensación positiva y agradable que experimentamos los seres humanos. El placer puede catalogarse como físico, mental y emocional. Podemos identificar al placer cuando saciamos una necesidad, como por ejemplo, tenemos hambre y comemos, sed y bebemos. Cuando sentimos esa satisfacción, su nivel de intensidad dependerá de la optimización del consumo energético que haga el cerebro. Mientras mayor sea la capacidad de neurotransmitir, mayor facilidad de lograr la sensación de satisfacción.

Quiero hacer énfasis en esto: *mientras más capacidad de neurotransmitir, mejor te sentirás.* El cerebro está conformado de grasa y agua. Y ese líquido que tienes en el cerebro sirve para transmitir información. Recuerda que el agua es un conductor de la electricidad, y entre neurona y neurona en ese proceso maravilloso llamado *sinapsis* se transmite información, electricidad y sustancias químicas. Pero, ¿cuáles sustancias químicas nos pueden ayudar a sentirnos bien? Desde el punto de vista de la biología, algunas sustancias que el cuerpo genera durante el placer son:

- **Dopamina:** Inhibidor de la rabia.

- **Endorfinas:** Hambre, relaciones.

- **Oxitocina:** Sexo, conductas de relación de contacto, orgasmo.

- **Serotonina:** Sexualidad, apetito, la risa o el humor, inhibidor del enfado.

En realidad, muchos antidepresivos se encargan de modificar los niveles de este último neurotransmisor. Por cierto, haciendo caso al nombre de este libro, ¿conoces a alguna persona que se haya curado de la depresión con antidepresivos? Resulta interesante, pero en varios eventos a los que he asistido como invitado (por ejemplo, uno del Dr. Deepak Chopra, especialista en Medicina Alternativa, entre otros), cada vez que le preguntan a la audiencia si conocen a alguien que se haya curado de la depresión con antidepresivos, la gente dice que no, y hablo de eventos con más o menos de 1.500 a 13.000 personas de cuarenta países diferentes. ¿Será que eso no funciona? ¿Será que lo que hacen es apartarte de la realidad? ¿Será que solo tu médico o psicólogo te lo receta porque no sabe sino ofrecer lo que la compañía de fármacos le da? ¿Será que lo que tienes que buscar es cómo incrementar en tu organismo los niveles de serotonina? Pregúntale a alguien que los esté tomando ahora que quizás conozcas cómo se siente, quizás esa persona te dé una idea de lo que realmente ocurre.

Luego de este comentario, sigamos adelante... Como todo lo que se repite constantemente se convierte en un hábito permanente, el cerebro puede acostumbrarse a este tipo de sustancias creadas de forma natural. Ahora bien, aquí tenemos una clave importantísima que configura nuestro comportamiento. Cuando el cerebro ha creado enlaces neuronales que provocan una merma en el impacto de la sensación placentera (por esta razón las sensaciones placenteras resultan más impactantes cuando son novedosas), como consecuencia el objetivo perseguido no se satisface, lo cual genera *frustración y/o ilusión*, justo el efecto contrario al deseado. Recuerda que siempre buscarás al maestro del placer y huirás del maestro del dolor. Estas emociones nos acercan a cosas y situaciones, así como nos alejan de algunas otras.

Ahora bien, el dolor resulta inevitable, pero el sufrimiento es una opción. Sufrimos y escogemos sufrir. Como aprendí en un seminario de Tony Robbins, el sufrimiento se basa en tres puntos. Tenemos miedo de:

- **Sentir la pérdida:** Sentimos que ya no tendremos algo o a alguien en nuestra vida.

- **Sentirnos menos:** Por alguna razón nuestras expectativas no fueron alcanzadas y por ese motivo sufrimos; o lo hacemos porque no tenemos la atención suficiente de alguien.

- **No sentir nunca más:** Pensamos que no podremos recuperar algo, que nunca pasará lo que esperamos, y tenemos esa sensación de desaire.

Mientras uses el sufrimiento para causar dolor y manipular a los demás (pensando que obtienes placer), siempre será una herramienta que a la larga no traerá satisfacción a la vida de nadie, ya que posiblemente esa persona que está siendo manipulada tampoco sienta placer.

Yo le llamo a esto «el efecto Kike». Déjame explicarte. Kike es un buen muchacho y siempre fue catalogado como un muy buen trabajador, todo el mundo en el edificio donde vivía lo quería, pues parecía ser auténtico y cariñoso. Sin embargo, esta persona tenía una agenda oculta y supo manipular por medio del dolor y la lástima a todos. Una vez que lograba tener confianza con una persona, haciéndole un favor o algo, le pedía dinero alegando una gran necesidad no solo de él, sino de su familia. Entonces la persona se sentía comprometida de una u otra forma y le prestaba dinero. La estrategia de manipulación por medio del dolor resultó tan efectiva, que los montos fueron subiendo y subiendo, llegando a sobrepasar los $15.000. Así de poderoso es el uso del dolor como estrategia para conseguir un resultado buscado.

Recuerda que estamos diseñados para evitar el dolor y acercarnos al placer. Kike sabía muy bien esto y hacía sentir a sus víctimas comprometidas con él, pero solo las estaba usando. Toda la publicidad se basa en eso, primero nos presentan una «necesidad» (en este caso, la situación que te causa dolor o te hace padecer), para luego presentarte la «solución», que se obtiene con el producto que ellos venden. Dicho sea de paso, ¿te has fijado también que en el momento de presentar las imágenes con el problema las trasmiten en blanco y negro, apareciendo luego en colores la solución? (En el capítulo de los hábitos veremos esto con mayor profundidad.)

Ahora bien, apartándonos del tema del dolor y haciendo referencia a esto de pedir, estoy completamente de acuerdo en que debemos aprender cómo hacerlo, ya que pedir es la forma que puedes utilizar para alcanzar tus objetivos. De hecho, la primera persona a quien le debes pedir es a ti mismo. Saber cómo pedir es muy fácil y crea excelentes oportunidades de crecimiento.

Aquí te comparto cinco pasos para pedir de una manera efectiva:

1. PIDE CON CLARIDAD, SÉ PRECISO.

Regla número uno y la más importante de todas. Para pedir desde una pizza hasta un préstamo en el banco debemos ser específicos. Tanto tus metas más sencillas, como por ejemplo perder peso, hasta las peticiones más espirituales que deseas en tu vida deben estar bien definidas. Muchas veces decimos que queremos ganar dinero y yo puedo darte un dólar y tienes más dinero; o bajar de peso y pierdes una libra y has bajado, pero eso no es lo que quieres. Ser preciso y claro te da poder.

Recuerdo que hace unos meses atrás corrí el medio maratón de los Marines de Estados Unidos en Washington DC. Disfruté mucho corriendo al lado de los soldados y también observando la disciplina y los códigos de vida como el valor, la integridad y el coraje de que hacen gala los militares en Estados Unidos. Recuerdo como si fuera hoy que en la milla doce, solo faltando una milla para la meta del medio maratón, en la última colina, mis fuerzas se estaban agotando. Mientras trotaba a un ritmo mediano ligero con la mirada puesta en el suelo pude percibir las botas de un marine delante de mí. Levanté la vista y vi a un hombre uniformado de cómo dos metros de estatura que me gritaba en inglés: «Move your feet, soldier» [Mueve tus pies, soldado]. El grito, unido a lo que me dijo y la postura de líder que vi en él, representaron un fuerte estímulo que me dio la fuerza suficiente para llegar a la meta, no solo con energía, sino sintiendo que era imparable. Definitivamente, ese marine elevó mis expectativas con respecto a mí mismo y me llevó al próximo nivel, sacando fuerzas de donde no tenía.

Esa tarde, después del medio maratón, fui al cementerio de Arlington a presenciar el cambio de guardia en la tumba del soldado desconocido. Se trata de un ritual impresionante. La coordinación, disciplina y rectitud de los soldados es perfecta.

El soldado de la armada camina de manera pausada pero firme los veintiún pasos. Un oficial de más rango sale de la garita y en el momento del encuentro le da instrucciones al otro de manera clara, precisa y específica. Lo más interesante para mí fue que el soldado, después de pedir lo que quería que el otro hiciera, le preguntó si había entendido.

Esta es una técnica que uso mucho con mis hijas pequeñas y las personas que trabajan en mi empresa, pido algo y al finalizar les pregunto si entendieron el mensaje. ¿Está clara la información? Si la respuesta es sí, sigo adelante; si es no, lo repito. Déjame decirte una cosa importante: no porque algo llegue a tu vida debe ser para ti, si no es lo que específicamente pediste, aprende, mejora y sigue adelante.

Hace varios años recuerdo que salí a comer con un grupo de amigos. Cada uno de nosotros le pidió al mesero un plato diferente de los que estaban especificados en la carta, y después de un rato, el mesero llegó con nuestras órdenes. Uno de mis amigos había pedido carne con arroz, en cambio el mesonero le trajo pollo. Él le explicó al empleado que había pedido otra cosa, pero igual se lo comería. Yo le comenté: «Si pediste carne, pídele que te cambien el plato», a lo cual me respondió: «Tranquilo, no importa, me lo como igual». La vida funciona de la misma manera, a veces te presenta cosas que no son lo que tú pediste, no son lo que tú quieres, y las tomas por el simple hecho de que llegaron a ti. Que algo llegue a tu vida no significa que sea para ti, así que escoge juiciosamente lo que te conviene, pide igualmente con sabiduría, y recuerda que esta sabiduría es la aplicación del conocimiento que tienes.

2. PIDE CON CONFIANZA.

Las Escrituras dicen: «Pidan, y se les dará; busquen, y encontrarán; llamen, y se les abrirá. Porque todo el que pide, recibe; el que busca, encuentra; y al que llama, se le abre» (Mateo 7.7-11 NVI). Debes pedir con fe, pedir con la certeza y la seguridad de que aquello que estás pidiendo será otorgado. La confianza se genera primero en la creencia, así que debes creerlo tú antes que nadie para que los demás lo crean, por eso pide con esa confianza de que te será manifestado. A veces por miedo pedimos ya con la N de NO plasmada en nuestro rostro. Recuerda que en la comunicación efectiva la fisionomía representa el 55% de la experiencia, de modo que la postura y la actitud deben ser congruentes. Pedir con seguridad garantiza el 80% de la respuesta afirmativa. Ahora bien, si pides con confianza y nada sucede, el tercer paso puede ayudarte mucho.

3. PIDE CON INSISTENCIA.

Hay una frase de Robert H. Schuller, reconocido pastor evangelista y motivador, que me fascina y dice: «Los retrasos de

Dios no son las negaciones de Dios». El hecho de que algo no se te haya dado en el pasado no significa que no se te dé en el futuro. Por eso la insistencia es importantísima. ¿Cómo funciona esto? No se trata de pedir en un día cien veces, sino de pedir diariamente con constancia espaciada, eso es lo que marca la gran diferencia. Los vendedores exitosos saben que hasta que no reciban al menos siete negativas, deben seguir buscando la manera de que la venta se realice, así que piden con sabiduría (conocimiento aplicado).

Uno de los negocios que tengo requirió cerca de veinte viajes a Orlando para poder ser aceptado en un *concesionario* a fin de recibir mis primeros autos. En una de las últimas conversaciones que tuve con el dueño, me hizo la siguiente pregunta: «¿Tú no vas a tirar la toalla, verdad?». Al decirme eso me reí y le dije que seguiría yendo dos o tres veces a la semana hasta que me dieran la oportunidad. Lo que resultó clave fue que pedí siempre de forma diferente. Para poder trabajar en la organización Robbins Research International (RRI), me tocó esperar cuatro años para que por fin me dieran una cita que duró siete minutos. El resultado de esa reunión fue un proyecto extraordinario con la organización en español, siendo la voz en castellano de Tony Robbins con su producto digital «Unlimited Get the Edge». La insistencia y la constancia son la clave, además de hacerlo de manera creativa, lo cual constituye el cuarto paso.

4. PIDE DE MANERA CREATIVA.

En uno de los viajes que hice a Bogotá para ofrecer talleres de capacitación en ventas, observé a unos jóvenes pidiendo dinero en los semáforos de la ciudad. Ahora bien, lo interesante de esto no es que pidan, ya que eso sucede en todas las ciudades del mundo, sino la forma creativa en que lo hacen: hay malabaristas, payasos, cantantes, músicos con guitarras, violinistas... y los más osados te echan de una vez agua en los limpiaparabrisas y empiezan a limpiarte el vidrio sin tú solicitarlo. Ellos piden de forma creativa. Cuando Steve Jobs le pidió a John Sculley que trabajara junto con él en Apple, le dijo: «John, ¿tú quieres seguir vendiendo agua con azúcar o quieres transformar al mundo?».

¿Qué te parece la idea para que la apliques a tu vida? ¿Qué forma creativa puedes concebir para pedirle a tu pareja o compañero de trabajo que haga algo? ¿Qué forma creativa puedes imaginar para pedirle a Dios? ¿Crees que funcione mejor que alguna forma sufrida y aburrida que has usado para pedir durante tanto tiempo sin resultado? Dios tiene un buen sentido del humor. Tenlo tú también, sé creativo. Llama la atención. Richard Branson, el dueño de Virgin Group, es uno de los empresarios más creativos que he visto. John Travolta, cada vez que busca estar en alguna película, invita a los productores y directores a dar una vuelta en su avión, se viste de capitán, y los envuelve en una atmósfera donde la certeza, la seguridad y la creatividad están presentes. Sé creativo.

5. PIDE CON SINCERIDAD.

Pide desde el corazón, eso te dará certeza, te hará sonar verdadero, y la otra persona lo sentirá. Haz que la persona a la que le pides compruebe que hay un compromiso de tu parte. Pide desde el corazón y se te dará, toca la puerta con la verdad y será abierta. Tú eres el generador de los resultados en tu vida, si pides de una manera que no deje espacio a otra opción, a la larga tendrás lo que estás pidiendo y lo que te has comprometido a recibir.

Una vez que ya manejamos estos dos maestros que son el placer y el dolor en nuestra vida, entonces podemos empezar a entender que, aunque nos sintamos bien y estemos haciendo las cosas de manera correcta, si aun así no tenemos lo que queremos, estamos listos para aprender a manejar la aptitud y la actitud, que llevan a tu altitud.

CAPÍTULO 7

La aptitud y la actitud

«Puede que una actitud positiva no resuelva todos tus problemas, pero molestará a suficientes personas para que el esfuerzo merezca la pena».

—Herm Albright

U na de las historias de vida que más me ha impactado es la del antiguo presidente de Sudáfrica, Nelson Mandela. En una entrevista que le realizara hace muchos años Anthony Robbins, le preguntó cómo hizo para soportar veintisiete años de su vida estando preso. «¿Soportar?», respondió Mandela. «Soportar no, yo me estuve preparando durante veintisiete años para lo que realmente sucedió al salir de la cárcel». Luego de su liberación, él se convirtió en el presidente de Sudáfrica y transformó a un país inmerso en el odio racial y la pobreza en una nación que daba muestras de progreso y unión entre sus ciudadanos. ¡Qué manera de ver la vida! ¡Qué aptitud tan definida y clara y qué manera de hacer las cosas de forma diferente con esa actitud triunfadora!

La *aptitud* es la forma como uno *ve* los acontecimientos que suceden en la vida. La palabra aptitud proviene del latín *aptus*, que significa capaz. La *actitud* es la forma en que uno *hace* las cosas, cómo actúa como resultado de su estado emocional en ese momento.

Entonces, ¿qué es realmente importante y cómo podemos aprender de la estrategia de Nelson Mandela, al igual que de otros líderes mundiales que han pasado por situaciones difíciles y extremas, y han conquistado sus metas logrando así un cambio de conciencia colectivo? Tales líderes han utilizado estas dos herramientas, la actitud y la aptitud, de manera magistral.

Cuando tienes una situación que transformar en tu vida, es importante cambiar las estrategias que te han llevado al resultado que experimentas, pero no deseas. Tienes que buscar otras diferentes una y otra vez. Eso es actitud. Los personajes que han cambiado la historia hacen las cosas constantemente de distintas maneras hasta conseguir el resultado esperado.

Un ejemplo de esto es la historia de Thomas Alva Edison con respecto a su investigación a fin de crear la bombilla eléctrica. Cuenta su biografía que un día el laboratorio sufrió una explosión que casi acaba con la vida de Edison y su asistente, quien le reprochaba diciéndole que ya llevaba cerca de mil intentos tratando de hacer esa «locura» e inventar la bombilla eléctrica, pero que lo único que había conseguido eran fracasos. Edison le respondió que no podían considerarse fracasos, sino maneras diferentes de llegar a la bombilla, y que posiblemente esos inventos que resultaban serían útiles en un futuro para otras cosas. De hecho, Edison patentó cerca de mil inventos mientras creaba la bombilla eléctrica, menos mal que no le hizo caso a su asistente. ¿Te imaginas el retraso que tendríamos como humanidad? Además, usando una aptitud creativa, que te parecería decir que fueron mil pasos, en vez de mil fracasos, los que llevaron a construir la bombilla eléctrica.

Al dominar estas dos herramientas encontrarás un tremendo poder de *persistencia* y *flexibilidad* ante los acontecimientos que se te presentan y lograrás convertir tus metas en realidades. Fíjate bien, porque habrá momentos en tu vida que por más que quieras cambiar una situación, por más que lo intentes y hagas todo lo posible y lo imposible, no podrás lograrlo. En ese momento debes utilizar la aptitud para que entonces seas capaz de ver las cosas de una manera diferente, de observar la situación desde otro punto de vista, lo cual hará que logres entender y aceptar lo que no puedes cambiar. No obstante, al cambiar la manera de ver las cosas, cambiará también la forma de resolverlas. Hasta la muerte tiene solución... ¡aceptándola! Al hacerlo estás siendo capaz de ver el acontecimiento de una manera diferente, poderosa, si así lo deseas.

La actitud y la aptitud te llevarán a incrementar tu altitud siempre y cuando ambas sean proactivas. Cuando empezamos a tener una actitud (estado de ánimo) negativo, se da inicio al autosabotaje. La palabra *sabotaje* significa «deterioro o destrucción intencional». Cuando buscamos destruirnos de alguna manera, estamos saboteando nuestro presente y futuro. Ahora bien, ¿por qué una persona querrá sabotearse a sí misma? ¿Por qué muchas veces buscamos hacernos daño? ¿Recuerdas el capítulo del dolor y el placer? Entonces sabrás que la pregunta no sería «¿por qué?», sino «¿para qué?». Por lo tanto, la pregunta debería ser: ¿Para qué estoy saboteando mi vida?, y la respuesta será completamente diferente. Si preguntas para qué ocurre algo, encontrarás las razones por las cuales lo haces. Un proverbio africano dice: «Cuando no existe enemigo en tu interior, el enemigo de afuera no puede hacerte daño». Tu actitud es fundamental para el éxito o el fracaso en tu vida, así que actúa sabiamente.

Muchas veces en esa búsqueda de querer hacer nuestros sueños realidad los convertimos en frustraciones; queremos la inmediatez de las cosas y creamos ilusiones que se convierten en desilusiones en nuestra vida. Para evitar eso tenemos que conocer cuál es la diferencia entre los sueños y las ilusiones.

CAPÍTULO 8

La ilusión o el sueño

«LOS SUEÑOS SON SUMAMENTE
IMPORTANTES. NADA SE HACE SIN QUE
ANTES SE IMAGINE».

—GEORGE LUCAS

En algún momento de nuestra existencia todos hemos tenido una «visión» acerca de la calidad de vida que deseamos tener. Del mismo modo, todos en algún momento hemos querido impactar a nuestro entorno, logrando un cambio positivo y un futuro mejor. Sin embargo, para muchos esos sueños se han convertido en grandes frustraciones, dando lugar a vidas rutinarias y monótonas, y en algunos casos se ha dejado de soñar, se ha perdido el sentido y el norte de lo que queremos conseguir en nuestra vida.

En varias ocasiones, haciendo de facilitador en charlas y asesoramientos uno a uno, me he dado cuenta de que muchas de las personas con las que hablo me comentan sus ilusiones con respecto al futuro. Cuando les explico lo que realmente significa «ilusión», su cara se transforma e inmediatamente entienden la razón de su frustración o desilusión.

Así que permíteme explicarte qué es una ilusión. Hace algún tiempo atrás, en el año 2005, asistí en Miami Beach a una presentación de David Copperfield, el mundialmente reconocido experto del ilusionismo y la magia. El teatro estaba abarrotado de gente y su espectáculo estuvo maravilloso, lleno de colorido, música y por supuesto ilusión. Tuve la dicha de que cuando Copperfield pidiera asistentes para su próximo acto, me escogiera a mí, sintiéndome increíble al subir a la tarima y darle la mano a este experto del ilusionismo. Una vez en el escenario, me pidió que pusiera las manos arriba de una mesa que empezó «mágicamente» a volar. ¡Qué increíble poder hacer que la mesa se levantará y se moviera de un lado al otro! Estaba viviendo un momento mágico... hasta que miré hacia una de las patas de la mesa y vi un nailon atado a la parte inferior de la pata izquierda. Inmediatamente Copperfield me indicó que tenía que mirar hacia arriba. Todo era parte de un truco, y los trucos no se basan en la realidad, sino por el contrario, en una *mentira bien elaborada*.

Cuando nos proyectamos hacia el futuro basándonos en la suerte, las varitas mágicas, situaciones de ilusionismo, rayos de colores que aparecen de la nada y recetas milagrosas, por lo general nos estamos mintiendo a nosotros mismos, estamos creando escenarios llenos de fantasía. Hay dos frases que me encantan, una dice: «Dios trabaja contigo y no para ti», y esta es la otra: «No le pidas a Dios que guíe tus pasos si tú no estás dispuesto a mover los pies».

Otro caso de «ilusión», en esta ocasión experimentado por mi familia, fue la cura del cáncer pancreático que tenía mi papá a manos de un médico milagroso. Este hombre tenía organizado un negocio fraudulento a nivel internacional. ¿Qué es lo que hacía? Usaba la ilusión de curar el cáncer sin operación, supuestamente extrayéndolo con las manos. Tenía todo muy bien preparado y elaborado junto con su personal, solo necesitaba un muy buen truco y referencias de personas que corroboraran el asunto para hacerle creer a la víctima y su familia que podía hacer eso. Este médico se dio a conocer en el mundo entero a través de los medios de comunicación y el boca a boca, y a finales de la década de 1970 le fue recomendado a nuestra familia, la cual debido a la desesperación estuvo cerca de caer en una trampa que hubiera costado cerca de $10,000.

La ilusión proviene de la magia y la magia es una mentira, un truco, no es real. Sin embargo, entiendo esto, no es real en la actualidad (realidad), pero tú la haces real en tu mente, Sientes y padeces esa mentira como una realidad al visualizarla y colocarla en tu pantalla mental, la cual inmediatamente generará una emoción que a su vez se transformará en una acción y se convertirá en un resultado.

Ahora bien, ¿qué pasa cuando realmente tenemos un gran sueño, sentimos el deseo de llevarlo a cabo y vivirlo, pero pasa el tiempo y vamos perdiendo el interés? Para eso debemos aprender cómo convertir los sueños en metas.

CAPÍTULO 9

Metas: sueños con fecha

«No hay excusas y si las hay, pues no
harás tu sueño realidad».

—Vicente Passariello

«La repetición es la madre de la
habilidad».

—Anthony Robbins

En una de las certificaciones que obtuve del Dr. Richard Bandler, quien es el cocreador de la Programación Neurolingüística llamada *Desing Human Engineering* [El diseño de la ingeniería humana], él habló de que el proceso del pensamiento del ser humano en el cerebro genera la trasmisión de información entre neurona y neurona, además de sustancias químicas y electricidad. Ese proceso de «pensar» parte de un origen hacia un fin. Cuando la información es enviada, tiene que tener un fin al que llegar, pues si esto no sucede la neurona físicamente se aplasta, generando químicos que se esparcen en nuestro sistema nervioso y produciendo lo que conocemos como la frustración, y si no sabes usar esa frustración como catalizador, entonces servirá como obstáculo hacia tus sueños. Tenemos que empezar siempre con el fin en mente, debemos ponerles fecha a los sueños y convertirlos en metas para que así se conviertan en realidad, si no (y vuelvo a recalcar esto) pasarán a ser solo deseos vagos y sin fuerza; además, como en muchas ocasiones no llegarán a nada, los archivaremos en nuestra mente pasando a ser un sueño truncado.

¿Sabes algo más escalofriante todavía? Cuando renuncias a un sueño, no solo tú te afectas, también las personas que podrían disfrutar, aprender y crecer por medio de aquello que querías hacer realidad y ofrecerle a la humanidad. Así que, como ves, todo va mucho más allá de un simple sueño. Imagínate si Steve Jobs hubiera dejado de hacer realidad su sueño debido a todos los inconvenientes que tuvo no solo económicos, de salud y familia, sino inclusive el despido de Apple Computers, una compañía de su propia creación.

Ahora bien, ¿cómo empezamos a convertir esos sueños en realidad? Simple. Las cosas se crean dos veces, primero en la mente y luego se hacen realidad. Una silla, por ejemplo, se visualiza, luego se dibuja en un papel o computadora con las medidas específicas, y luego se elabora. Igual sucede con los sueños. Para convertirlos en realidad debes visualizarlos, después escribirlos de la manera más específica posible, con el mayor lujo de detalles, claridad y precisión. Una vez completado ese proceso, entonces viene la elaboración del plan que te llevará a alcanzar esa meta, el cual debe ser también lo más específico posible. Hay un ingrediente muy importante que debes tener presente, al que yo considero como el impulsor de sueños; ese motor es un *deseo ferviente*, una pasión enfocada en conseguirlo cueste lo que cueste. En realidad, mientras más razones tengas para querer algo, más impactante serás y tendrás un impulso inmenso para conseguir que ese sueño se haga realidad.

Hace un par de semanas estuve en Walt Disney World, el parque de atracciones más importante del mundo, con un ingreso aproximado de $27 billones de dólares al año. ¿Sabías que una de las cosas que motivó a Walt a construir estos parques fue justamente la frustración que sentía al no poder llevar a sus hijos a divertirse? Cuando estás comprometido con tu meta, la harás realidad y pagarás el precio que cuesta, ya que como dice el refrán: «No hay almuerzo gratis». Eso es lo hermoso de todo esto, porque cuando estás dispuesto a pagar el precio, aunque venga lo que venga y pase lo que pase, conseguirás lo que quieras.

Una de las excusas que más frecuentemente escucho cuando asesoro a las personas es que les parece difícil hacer los cambios. ¿Sabes que yo pensaba igual? Así que en el primer momento que tuve conversé con el Dr. Bandler sobre si realmente hay dificultades para hacer las cosas y por qué cuestan. ¿Te has preguntado eso? ¿Por qué cuesta el cambio? ¿Por qué cuesta hacer algo que no estábamos acostumbrados a hacer? Su respuesta tajante y precisa fue: «Te costará a ti». El comentario fue seguido por un silencio de mi parte y una pequeña sonrisa por parte de él. Recuerdo que me quedé atónito, un sentimiento que luego fue acompañado por una carcajada de mi parte, pero el Dr. Bandler me dijo algo que cambió mi vida para siempre a partir de ese día, lo que me hace considerar que he dominado el manejo de esas dos emociones que configuran nuestras decisiones: el placer y el dolor.

No es cuestión de dificultad, es cuestión de adaptación. Cuando uno aprende algo nuevo, también está creando nuevos caminos neurológicos; cuando haces algo nuevo, también estás creando millones de conexiones nuevas en ese proceso, y justamente esa creación te hace sentir una sensación de incomodidad o dificultad, ya que el cerebro está trabajando en una maximización de sus recursos. Por eso, todo lo que queremos dominar se debe repetir, pues la repetición de algo una y otra vez no crea la excelencia, sino la permanencia. ¿De dónde crees que salen los hábitos buenos y malos, o mejor dicho, proactivos o destructivos? ¡Exacto! De la repetición una y otra vez de lo mismo. Por medio de la repetición lo nuevo formará parte de nuestro sistema neurológico, de nuestro estado de consciencia, de tal forma que ya no se necesite ni pensar en eso y fluya automáticamente.

Hay cuatro estados de consciencia, a saber:

1. **Inconsciencia inconsciente:** Significa que *no sé que no sé*, y como no sabemos que no sabemos entonces no pasa nada. No sé cuántas formaciones fuera de las galaxias conocidas hay en el universo.

2. **Consciencia inconsciente:** Significa que *sé que no sé*, o sea, sé que no tengo el conocimiento sobre algo. Por ejemplo, sé que no sé manejar un transportador espacial de la NASA. Este estado de conciencia es el principio por el cual el ser humano crece, ya que saber que no sabemos algo nos incita a averiguar y aprender.

3. **Consciencia consciente:** Significa que *sé algo, pero todavía necesito prestarle atención para poder hacerlo.* Por ejemplo, sabemos anudarnos los zapatos, pero todavía prestamos atención cuando lo hacemos.

4. **Inconsciencia consciente:** Significa que *sé algo y no tengo ni que pensar en eso, porque la destreza es tal que lo hago de manera inconsciente.* Por ejemplo, llegas a tu casa manejando mientras hablas por teléfono, y entonces no sabes ni cómo llegaste allí. ¿Te ha pasado alguna vez? Cada vez que repites algo muchas veces, te conviertes en alguien diestro en eso que repites constantemente.

Recuerda que no tiene que ver con la dificultad, sino con la adaptación. Mientras más fácil te adaptes (acondiciones) a los cambios, más rápido aprenderás y desarrollarás los hábitos en tu vida. Ahora bien, si adquirir hábitos malos (destructivos) cuesta al principio, ¿por qué lo hacemos? Eso lo veremos en el próximo capítulo.

Los hábitos: veneno o abono para tu grandeza

«CUIDA TUS PENSAMIENTOS, PORQUE SE CONVERTIRÁN EN TUS PALABRAS. CUIDA TUS PALABRAS, PORQUE SE CONVERTIRÁN EN TUS ACTOS. CUIDA TUS ACTOS, PORQUE SE CONVERTIRÁN EN TUS HÁBITOS. CUIDA TUS HÁBITOS, PORQUE SE CONVERTIRÁN EN TU DESTINO».

—MAHATMA GANDHI

Me imagino que el día en el que los ejecutivos de las grandes corporaciones tabacaleras se reunieron para crear estrategias de ventas tuvieron un gran problema, su producto, ya que este apesta y mata a la gente. Mientras ideaban la manera de promocionar su producto, pienso que tal vez el director de mercadeo dijo: «Señores, yo no veo ningún problema aquí, la gente es cien por ciento condicionable. Haremos que nuestra campaña esté relacionada con el sexo, con ser alguien agradable, con tener independencia. Vamos a "entrenar" a la gente para que quiera comprar nuestro producto, así que no hay problemas».

De esa forma empezaron a idear y crear una publicidad subconsciente o mejor conocida como publicidad subliminal, produciendo comerciales de televisión e impresos donde se ven unas lindas chicas con cuerpos perfectos, quizás en la playa, disfrutando y fumando cigarrillos; o de hombres a caballo serios y fuertes (independencia); o tal vez de alguien fumando en un atardecer romántico (paz); o de jóvenes bailando con una música pegajosa. Todo esto con el objetivo de crear de forma oculta la necesidad del producto.

Como la mente subconsciente actúa de forma automática, responderás de manera favorable a estos estímulos que se presentan de forma repetitiva en la televisión o cualquier otro medio a fin de establecer el hábito destructivo en tu vida. Sin embargo, la verdad es que no sé qué tan sexy sea para ti una chica con los dientes manchados y mal aliento, pero para mí no lo es mucho. En algo sí estoy de acuerdo, ya que la gente que fuma asegura que el cigarro los tranquiliza y les da paz, y es cierto, pues si la persona sigue fumando tendrá paz, mucha paz por laaaargo tiempo. Y el perjuicio no solamente es para esa persona. ¿Sabías sobre el daño colateral? Sí, exacto, esas personas que tanto amas también tienen contacto con la nicotina y los setecientos químicos que se encuentran en el cigarro. Así que la próxima vez que fumes y estés con tus seres queridos, pregúntate qué tanto los quieres, porque realmente los estás intoxicando.

Este es un ejemplo de la inconsciencia inconsciente que mencioné en el capítulo anterior. Tú estarás influenciado por el comportamiento o la programación que se encuentre en tu subconsciente de una manera más fuerte. Entonces responderás dependiendo de tu «programación», y nos programamos por medio de la repetición continua una y otra vez de lo mismo. De hecho, en la toma de decisiones, la balanza se inclinará por el lado que domine.

Ahora bien, ¿cómo se construyen los hábitos? Sabemos que es repitiendo un comportamiento regularmente casi sin el uso del raciocinio. Son aprendidos y no innatos. Y he aquí lo interesante del asunto: el hábito hace que el cerebro no razone, por eso podemos estar cepillándonos los dientes de la misma manera durante años y ni siquiera pensar en ello, podemos estar atendiendo una llamada y al mismo tiempo hacer otra cosa sin estar pendientes, podemos ver un juego del Super Bowl (la final del fútbol americano) y comernos una pizza o reunirnos en casa de un amigo. Según los investigadores del Instituto de Tecnología de Massachusetts (MIT), los ganglios basales son una estructura esencial en la formación de los hábitos. Estos son un grupo de acumulaciones de cuerpos o somas de neuronas que se hallan cerca de la base del cerebro, dentro del telencéfalo, y se activan y repiten por medio de tres pasos.

Para que un hábito se forme se necesita:

1. **Una señal que lo active:** Es como un disparador que inmediatamente genera la ansiedad de tener eso que nos presentan (los publicistas lo saben muy bien y nos condicionan en todo momento).

2. **Un premio:** Es el que origina placer al obtener lo que queríamos y nos producía ansiedad (necesidad). Una vez que se alcanza, el cerebro siente tranquilidad.

3. **La rutina:** El procedimiento se repite una y otra vez, aunque conscientemente no lo queramos, y el hábito que se genera de esta rutina muchas veces es más fuerte y vence a la voluntad.

Según las investigaciones y los expertos en neurología el hábito no se destruye, sino que se transforma, y la manera de hacerlo es cambiando el tercer punto que mencionamos. Es necesario cambiar el procedimiento (la rutina) que se usa después del disparador (señal) que crea el ansia, y así sucesivamente generando un círculo. Al cambiar esto modificamos nuestros hábitos, y así reformamos nuestro cerebro y como resultado nuestra vida. Por ejemplo, vamos a suponer que quieres cambiar un hábito destructivo en tu vida como tomar alcohol de forma excesiva o simplemente de manera social, y por favor, no te mientas en este punto. La verdad es que el alcohol mata las células cerebrales y produce carcinomas. Punto. Eso es algo que no tiene discusión, es un hecho real, y no busco que seas un santo, pero es muy importante que de verdad asumas tu responsabilidad por lo que haces y el modo en que dañas tu cuerpo.

Recuerdo a mi padre cuando llegaba a la casa del trabajo a eso de las nueve de la noche para descansar después de un día difícil. Yo le buscaba en la nevera una cerveza o le preparaba un whisky, que de vez en cuando le encantaba tomar para relajarse. Tanto él como yo en ese momento experimentábamos inconscientemente nuestros disparadores (Paso 1): mi padre el querer relajarse y yo el ser útil y servirle, haciéndole sentir mejor (Paso 2). Este proceso se repetía varias noches a la semana, creando en ambos la ansiedad que genera el hábito. Sin embargo, el proceso que estaba utilizando mi papá para relajarse generó en su vida un hábito destructivo (Paso 3). Esta rutina podía dar un resultado inmediato, pero no era sustentable a largo plazo. Mi papá murió de cáncer en el páncreas en el año 1980, era un hombre muy trabajador, excelente padre, le encantaba ayudar a la gente, siempre fue un hombre generoso y tenía en todo momento una sonrisa para mí, pero el mal asesoramiento, la rutina diaria de estrés que afecta directamente los neurotransmisores y puede inhibir la producción de dopamina y/o serotonina, así como el alcohol que algunas veces le fue recomendado hasta por su médico (como por ejemplo, un «wiskisito» para bajar la tensión, lo más estúpido que he podido escuchar) acabaron con su vida.

De hecho, te recomiendo que veas una película de NETFLIX que se llama *The Truth About Alcohol* [La verdad sobre el alcohol]. Es un filme basado en una investigación científica hecha en Inglaterra en el cual puedes ver claramente que el consumo diario o social de cualquier bebida alcohólica no solo causa un daño a tu hígado y riñones, sino que produce cáncer. Si buscas la excusa del vino tinto porque es un vaso dilatador y contiene polifenoles (un poderoso antioxidante), puedes conseguir el mismo resultado consumiendo múltiples alimentos como cacao, aceitunas, alcachofas, té verde, almendras, nueces, espinaca y arándanos, entre muchos otros, sin la necesidad del producto de la fermentación de la uva.

Otro hábito asesino como fumar cigarros era considerado antes del año 1950 como «beneficioso» para la salud por las propiedades neuroestimuladoras y ansiolíticas que tiene la nicotina. Al igual que consumir carne, la cual no ofrece ningún aporte eléctrico ni de oxígeno a tu cuerpo. Cuando la carne se combina con carbohidratos, se descompone en el intestino por la combinación de los químicos digestivos, que son diferentes para ambos alimentos, además de que al llegar a la mesa familiar el animal lleva muerto al menos tres meses, siendo conservado. ¿Te has preguntado por qué la carne que compras en los mercados es roja? ¿Y blanda? Siguiendo el proceso normal, una vez que el animal muere se endurece, como cuando ves a un perro muerto en la calle, que se pone tieso. La carne que se vende en los supermercados es roja y blanda porque le agregan un colorante, ya que al animal le sacan toda la sangre de manera violenta y poco agradable, y le ponen ácido úrico, sí orina, lo cual hace que se mantenga suave. Así que la próxima vez que te comas un trozo de carne de algún tipo o de pollo, puedes decir: «¡Humm, qué rico, orina, colorante y antibióticos!».

Otro factor que constituye un mal hábito (el cual tenía también mi padre) es no hacer ejercicios regularmente. El ejercicio, sobre todo aeróbico, resulta muy beneficioso para la salud por medio de la ósmosis; además, el impacto al correr, trotar o caminar hace que el sistema linfático se active para la eliminación de toxinas. El ejercicio y la respiración completa o intercostal hacen que el cuerpo se oxigene, y de esa manera los glóbulos rojos pueden cómodamente llevar el oxígeno a todo el cuerpo.

Todos estos hábitos nocivos puestos en práctica casi todos los días fueron los ingredientes que enfermaron a mi padre y lo llevaron a su dolorosa muerte cuando yo tenía catorce años y él solo cincuenta.

Tus hábitos no discernirán si eres bueno o malo, sino más bien determinarán tu vida. Te invito a que leas por lo menos una vez los Doce Pasos que usa la Asociación de Alcohólicos Anónimos, pues ellos cambian tus hábitos. Estos pasos los han utilizado mundialmente no solo las personas que tienen dependencia del alcohol, sino que también son adictos a las drogas, el juego, el sexo, la violencia y muchas otras conductas dañinas. El primer paso para cambiar algo en la vida es saber que ese algo debe cambiar.

Considero que los hábitos forman el carácter y de esa manera tu vida. Es importantísimo que seas consciente de las cosas que ves y oyes todo el día, ya que puedes estar siendo programado de modo subconsciente. Siempre he pensado que debemos seleccionar lo que queremos ver y oír, ya que al final del camino lo único que puedo controlar es dónde enfocar mi atención. Tú tienes el control de tu vida, recuerda siempre eso.

Recientemente escuché una entrevista que le hicieron a Arnold Schwarzenegger, conocido actor de Hollywood, antiguo físico culturista y anteriormente gobernador del estado de California, en la cual mencionaba sus seis reglas de vida. Una de ellas es: «Tienes que romper las reglas, no la ley». Me pareció excelente, porque una parte de los hábitos destructivos en tu vida son el resultado de las creencias colectivas limitadoras de tu círculo más cercano. Si eres lo que eres ahora debido a los hábitos adquiridos a partir de tu entorno, debes de una u otra forma «romper» ese círculo de amigos si quieres generar un cambio permanente en tu vida. «Dime con quien andas y te diré quien eres», y no lo digo de manera peyorativa, pero sí considero que tú y tu vida son el reflejo de tus cinco amigos más cercanos.

Recuerdo también una historia que contara Anthony Robbins algunos años atrás acerca de una entrevista hecha a un general del ejército que le preguntó lo siguiente: «Señor Robbins, nosotros en el ejército mantenemos los más altos niveles de excelencia, honor, crecimiento. Estos hombres y mujeres viven al máximo, pero al salir de aquí a los pocos años pierden esos códigos, sus creencias, y su vida va poco a poco deteriorándose. ¿Por qué sucede esto?». Tony lo miró y le dijo: «La calidad de vida de las personas es directamente proporcional a las expectativas de su entorno». Excelente comentario, y si lo examinas detenidamente es así. ¡Tu vida refleja tu entorno!

Así que ya sabes, si quieres un cambio en tu vida a largo plazo, puedes hacer las cosas de modo diferente y tendrás la posibilidad de crear algo nuevo, de generar hábitos que te guíen a una vida más completa, más armónica y quizás, lo más importante, más independiente. Gracias a aquellas personas que lograron amoldar sus vidas a estas reglas diferentes es que la humanidad ha logrado alcanzar un nuevo conocimiento. Estas personas crearon hábitos poderosos por medio de sus creencias y valores, no de lo que estaba al alcance de ellas. Estas personas que remodelaron las creencias en el mundo sabían muy bien una de las reglas más importantes que han tenido los seres humanos exitosos: que el propósito en la vida se consigue con el fin en mente.

CAPÍTULO 11

El propósito de la vida: Con el fin en mente

«YO SÉ DÓNDE VOY Y SÉ LA VERDAD, Y NO NECESITO TENER QUE SER LO QUE TÚ QUIERES QUE SEA. YO SOY LIBRE DE SER LO QUE QUIERA».

—MUHAMMAD ALI

Quisiera hacerte una pregunta esencial: ¿Cuál es el propósito de tu vida? ¿Para qué estás aquí? Y digo *para qué* porque creo firmemente que las cosas que suceden en tu vida son para ti y no por ti. Es decir, no tomes nada personal, las cosas no tienen que ver contigo, pero ocurren en tu vida, así que debes asumir toda la responsabilidad y de esta forma estarás ya en camino de saber cuál es el propósito de tu existencia. Permíteme compartir contigo dos maneras sencillas, pero importantísimas, de encontrar tu misión de vida, tu propósito. Las preguntas que siempre hago son las siguientes:

1. ¿Qué harías ahora que te apasiona sin que el dinero forme parte de la ecuación? ¿Qué harías de gratis sin importar cuántas horas trabajes? Las respuestas a estas dos preguntas tienen un papel importante para conocer tu propósito. ¿Cuáles son tus pasiones? ¿Qué te gusta? Siendo enormemente sincero contigo mismo, ¿qué es lo que realmente amas?

2. ¿Cuál es el regalo que te dio la vida? ¿Cuál es o cuáles son tus dones únicos? Como tu huella digital que te identifica y diferencia de siete billones y medio de

almas en este mundo, así tu don te ha sido entregado en el momento de tu nacimiento, y ese regalo debes descubrirlo, desarrollarlo y ofrecérselo a la humanidad, pues tú y solo tú lo tienes. La pregunta que tienes que hacerte es: ¿Para qué soy bueno y dónde me siento como pez en el agua? Ese es uno de los problemas graves de la educación recibida en los colegios, ya que el sistema busca evaluar a todos los estudiantes de la misma manera, lo cual es como querer evaluar a un pez por su habilidad para subir a los árboles, y compararlo con un mono y viceversa. Por eso, al descubrir tu regalo y tu don solo debes usarlo para ti y compartirlo con todos, no compararlo con los de los demás. Así que asume tu responsabilidad en cuanto a esto.

Cuando asumes la responsabilidad de todo lo que sucede en tu vida, sí de todo (la responsabilidad no acepta la mentalidad de víctima), entonces podrás entender y saber que las cosas suceden y ya. Tú te preguntarás: «Bueno, y si voy manejando y alguien choca mi auto, ¿soy responsable?». Sí, sí lo eres, porque tú estabas allí. No se trataba de otro carro, sino del que tú manejabas. Sería una estrategia excelente en tu vida asumir toda la responsabilidad de lo que sucede en ella y no quejarte o lamentarte por lo que pasó. Los líderes se edifican con la creencia de que todo lo que ocurre en sus vidas es su responsabilidad y actúan de inmediato para resolver la situación; los líderes dan la cara y asumen el reto. Mi creencia es que para saber exactamente cuál es el propósito de tu vida debes primero asumir el cien por ciento de la responsabilidad por ella, debes tener la certeza de saber que estás donde estás por ti exclusivamente. Tú eres el responsable de tu vida, de quién forma o no parte de ella, de lo que tienes o no tienes, de lo feliz o infeliz que seas. *Tú, solo tú*. Así que para poder saber a dónde quieres llegar y conocer tu propósito, primero debes saber dónde estás, asumir el control de tu vida, y como dice el dicho secar tus lágrimas y seguir adelante.

CAPÍTULO 12

Sucesos vs. Estados

«EL PRECIO DE TU GRANDEZA ES TU RESPONSABILIDAD».

—WINSTON CHURCHILL

«ES UNA NECEDAD ARRANCARSE LOS CABELLOS EN LOS MOMENTOS DE AFLICCIÓN, COMO SI ESTA PUDIERA SER ALIVIADA POR LA CALVICIE».

—MARCO TULIO CICERÓN

Recientemente tuve un accidente de tránsito. El evento en sí no fue nada importante, pero la experiencia vivida resultó muy enriquecedora. Me encontraba partiendo de la estación luego de salir al aire con el programa de radio que produzco y conduzco en Miami en Actualidad Radio 1040 AM desde hace ya casi siete años. Este programa se llama «Cápsulas del éxito» y tiene como función principal crear herramientas de transformación a través de las historias exitosas de nuestros invitados. Así que como todos los sábados tomé el mismo camino, con la salvedad de que en esta ocasión me detuve unos minutos en una estación de servicio para comprar agua. Al salir, y mientras estaba parado en el semáforo esperando mi luz verde, observé sin prestar mucha atención que el vehículo que se encontraba a mi izquierda avanzó y decidí hacer lo mismo, sin percatarme de que el vehículo frente al mío no se movió, y como resultado le di por la parte trasera.

Inmediatamente que choqué bajé de mi auto para ver si la persona a la que le había dado se sentía bien. Al acercarme a la ventanilla del chofer encontré a una mujer de sesenta años aferrada al volante con la palanca en la posición de parqueo, el pie en el acelerador, y una cara muy nerviosa y pálida. Mi primera reacción fue ofrecerle la mayor cantidad de paz a esa señora que pasaba por un momento tan desagradable, así que le pregunté en tono conciliador y suave: «¿Se siente bien? ¿Quiere que llame a una ambulancia?». Ella dejó de mirar al frente para observar mi rostro y decirme que no y agradecerme. Entonces me preguntó qué había sucedido y le expliqué que la había chocado por detrás.

Lo interesante de esta situación es que en nuestra vida ocurren sucesos que no controlamos en su mayoría. Cada día que pasa pueden ocurrir cosas que no están bajo tu control, pero el estado es una reacción en respuesta, que sí es totalmente controlada por ti. Tú generas el estado, porque la forma en que reaccionas o respondes ante un acontecimiento solo depende de ti, no tiene que ver con lo que en realidad sucedió.

Ese día tuve la oportunidad de generar un impacto positivo en esa señora, aunque hubiera experimentado un suceso negativo, porque evidentemente la choqué. Sin embargo, después de resolver el accidente con la policía, logré que la señora se fuera con la mayor tranquilidad posible ante una situación poco agradable.

La experiencia me permitió aprender algo relevante sobre sucesos y estados, pues tuve la siguiente reflexión. ¿Qué hace que una persona que nace con limitaciones físicas o que ha atravesado una situación de vida difícil y circunstancias terribles (como, por ejemplo, el Dr. Viktor Frankl, al que hemos mencionado en capítulos anteriores) haya salido adelante? ¿Qué hizo que Nelson Mandela, antiguo presidente de Sudáfrica (que tuvo la posibilidad de transformar ese país desde el punto de vista social y económico luego de estar veintisiete años preso) haya salido de la cárcel con ganas de transformar su país en lugar de estar lleno de odio?

Lo que sucedió con Mandela fue que él tuvo una manera diferente de pensar y reaccionar. El estado controló por completo el evento (injusto o justo). Él tomó la decisión de enfocarse en algo diferente y ser una persona proactiva. El estado que asumas es lo que va a tomar las riendas de las respuestas que tengas ante los acontecimientos que están ocurriendo en tu vida.

Tu estado, cómo reaccionas, cómo respondes, cómo actúas ante eso que te está sucediendo es lo que va a marcar una gran diferencia entre lo que tienes y lo que podrías conseguir de ahora en adelante con las acciones que llevarás a cabo y las actitudes que asumirás.

Ahora bien, ¿qué ocurre cuando esos sucesos que tienen lugar en nuestra vida son injustos? ¿Realmente existe la justicia?

CAPÍTULO 13

La justicia: ¿existe o no?

«EL QUE NO QUIERA VIVIR SINO ENTRE JUSTOS, QUE VIVA EN EL DESIERTO».

—SÉNECA

¿Realmente crees que la justicia existe? ¿Crees que tienes que dirigir tu vida y buscar siempre lo que es justo? Te voy a contar una pequeña historia y luego tomarás una determinación (decisión + acción).

Cada cuatro años se realiza en el planeta lo que conocemos como los Juegos Olímpicos. A ese evento asiste lo mejor de lo mejor de cada uno de los países de todo el mundo que quedan calificados. Vamos a tomar una categoría deportiva para poner un ejemplo, la carrera de los cien metros planos. Los ocho competidores que puedes ver en la pista son los mejores del mundo. Suena el disparo, salen los corredores más rápidos del planeta, y llegan a la meta con diferencias de solo segundos. Entonces, te pregunto, ¿qué le dan al octavo corredor por llegar a la meta? ¿Qué le dan al séptimo o al sexto? Nada, es como irse por la puerta trasera, ni siquiera lo nombran. ¿Al quinto o al cuarto hombre más rápido del planeta qué le dan? ¿Qué reconocimiento reciben? Y mira que el tiempo de llegada entre uno y otro es apenas de unos segundos de diferencia, un chasquido de tus dedos. ¿Qué le dan al tercero? Apenas la medalla de bronce, y eso que llegó medio segundo detrás del primero, pero le dan el bronce y un ramo de flores pequeñito. Al segundo, que llegó una milésima de segundo después del primero, le dan una medalla de plata, aunque «perdió» por una nariz solamente. Y al primero, como todos sabemos, le dan la medalla de oro. Ese corredor que ganó el primer lugar por apenas unas centésimas de segundo se lleva todo, los patrocinadores, los contratos de publicidad, y un puesto en la historia de la humanidad como el hombre más rápido del mundo en ese momento.

Ahora te hago las siguientes preguntas: ¿Dónde está la justicia allí? ¿Tú crees que el atleta que llegó de octavo no se preparó igual de fuerte, con la misma disciplina y toda la energía necesaria para ganar la carrera? ¿Crees que el tercer hombre más rápido del mundo que se llevó el bronce no se motivó, ejercitó y oró con suficiente fuerza y constancia para llegar de primero? ¿Dónde está la justicia en ese caso? ¿Dónde esta la justicia en esta competencia?

Esto te indica que no debes enfocarte en la justicia, porque el acontecimiento no sabemos si es justo o no, solo sabemos que es real, y tú tienes que partir de la realidad y salir adelante. Las personas que generalmente están buscando justicia siempre tienen una necesidad o una carencia, porque algo no ha sido materializado o alguna cosa que les sucedió no fue buena o lo que esperaban. Y justamente allí está la clave, la expectativa genera frustración; esperar que los acontecimientos salgan como queremos y que no suceda así crea frustración. Si volvemos al ejemplo de las olimpíadas, pues yo tampoco veo nada justo ahí, y menos si soy uno de los corredores que dio todo de sí para poder ganar.

Te invito a que, a partir del día de hoy en lugar de pedir justicia, pidas ser mejor, maximices lo que tienes en la mano, te enfoques en lo proactivo, y si no entiendes el suceso y resulta doloroso, pues tengas la aptitud (la capacidad) de encontrar lo proactivo en ese suceso que refleja solo dolor o tristeza. Procura ser mejor cada día, ser hoy mejor que ayer, porque la competencia (que significa conspirar entre los que compiten) es con la persona que ves cada mañana en el espejo, con aquella a la que te enfrentas todas las mañanas mientras te lavas los dientes. Esa es tu competencia, esa es la persona a la que debes superar, porque muchas veces la justicia no es controlada por nosotros y a menudo resulta muy injusta. Esa es la realidad que muchas veces vivimos y con la que tenemos que lidiar en la vida.

Hay una frase muy interesante de Marco Anneo Lucano que dice: «Aléjese de los palacios el que quiera ser justo, la virtud y el poder no se hermanan bien». ¿Qué pasa cuando buscamos justicia? Generalmente buscamos justicia para nuestro bien. Pero, ¿qué tal si experimentamos un suceso desagradable en nuestra vida? Veamos otro ejemplo.

Supongamos que alguien te roba la cartera y tú pides justicia, quieres que el ladrón sea hallado y llevado preso. En la cartera tenías una cantidad determinada de dinero, pero la persona que la tomó se lo gastó todo y ya no tiene más. Aunque pongan a esa persona en prisión, tu dinero no se recupera, el acontecimiento no da marcha atrás, el dinero se perdió.

Considero que buscar la justicia en todo es tener un perturbador en tu mente el tiempo completo, porque generalmente esta no depende de ti y mi intención es que seas el centro de tus emociones y puedas manejarlas a partir de tus decisiones y convicciones. Recuerda que cada vez que señalas a una persona hay tres dedos que te están señalando a ti. Eres responsable absolutamente de todo, de tu vida, de lo que te sucede; tienes que asumir la responsabilidad de todo lo que te ocurre. Aunque te choquen por detrás saliendo de tu casa (como mencionamos en el capítulo de la responsabilidad) y no sabías que te iban a chocar, eres responsable de esa acción, porque estabas allí. Asumir la responsabilidad por tu vida y las acciones (que controlas y no controlas) te da poder. Así que ten poder sobre tu vida, hazte responsable de todo lo que ocurre y aparta tu enfoque de lo justo, concentrándote en ser cada día mejor.

Ahora bien, una cosa es asumir la responsabilidad de todo y otra pensar que atraigo los acontecimientos por medio de la «Ley de la atracción». Muy interesante, ¿verdad? ¿Realmente tú atraes las cosas a tu vida? ¿Atrajiste a la persona que chocó tu carro o que robó tu cartera? ¿Crees que el medallista olímpico atrajo el hecho de llegar en segundo lugar? Eso lo veremos en el próximo capítulo.

CAPÍTULO 14

La ley de atracción

«SI LO VES EN LA MENTE, LO PODRÁS VER
EN TUS MANOS».

—AUTOR DESCONOCIDO

Algunos años atrás se popularizó una película muy interesante que se llamaba *El secreto*, la cual se basaba en el hecho de que cada persona a través de sus pensamientos atraía los acontecimientos que tenían lugar en su vida. El filme planteaba que si eras una persona que tenía pensamientos negativos, pues con el tiempo atraías cosas, situaciones y circunstancias negativas; y si eras una persona con pensamientos positivos, atraías entonces cosas positivas. Es decir, estabas absolutamente convencido de que esta ley funcionaba porque tú actuabas como una especie de imán.

Quiero asegurarte algo que tiene que ver más con tu fuerza interna, con tu poder interno: en lugar de pensar que eres una persona que atrae circunstancias, más bien pienso que eres una persona creadora o cocreadora de tus circunstancias y lo que es tu vida en el día de hoy.

Yo no creo mucho que atraiga los acontecimientos que tienen lugar en mi vida, sino que estos ocurren y punto, como dijimos en capítulos anteriores. No obstante, sí depende de mí cómo reacciono o respondo ante eso que me acaba de suceder que no pienso que haya atraído.

Remitámonos a las leyes físicas. En el año 1642 nació un físico y matemático inglés, creador de una ley fundamental relativa a los objetos, que es la «Ley de la gravedad». Newton contaba que él vio caer una manzana de un árbol y a partir de allí comenzó a pensar sobre esta ley, la cual explica que cuando un objeto cae, la fuerza de gravedad lo lleva inevitablemente al piso con una determinada velocidad, a menos que otra fuerza detenga o desvíe ese objeto. Esto significa que, si te lanzas de un séptimo piso, nunca irás hacia arriba, sino que siempre caerás por más que pienses lo contrario, a menos que haya algo en tu trayectoria que evite que caigas y te reimpulse hacia arriba. Esto es una ley universal y nos atañe a todos sin importar nuestra creencia.

La segunda ley de Newton es la «Ley de la fuerza», que establece que el cambio de movimiento es proporcional a la fuerza motriz que se le ejerza, o sea, que para cambiar un objeto de un lado a otro tienes que aplicarle una fuerza motriz. Cuando los magos mueven un objeto de un sitio a otro, cuando levantan una silla, por ejemplo, emplean un truco, porque necesariamente es necesario que se ejerza una fuerza para que esa silla se mueva.

Y la tercera ley de Newton es la «Ley de acción y reacción», que veremos en un próximo capítulo de manera más profunda y señala que toda acción siempre genera una reacción igual y contraria a esa fuerza que se está emitiendo. Eso se traduce en que todo tiene un precio, hay una consecuencia para todo lo que hagas, y esto es así porque se trata de una ley, las cuales son inquebrantables. Tú puedes quebrar una regla, pero nunca una ley.

Sin embargo, este físico y matemático inglés en ningún momento habló sobre una ley de atraer las cosas, y yo por mi parte quiero compartir contigo algo que aprendí y espero que sea lo suficientemente claro y concreto como para que puedas transformar esa llamada ley de atracción y comiences a ser un creador y dueño de tu vida.

Los seres humanos tenemos una región de nuestro cerebro (como mencioné en el capítulo de las metáforas) que se llama *sistema de activación reticular*, el cual requiere de nuestros ojos y la corteza visual, que es justamente la parte del cerebro, en el lóbulo occipital (atrás), donde se reciben las imágenes. Esto es muy interesante, porque el ojo izquierdo manda las imágenes volteadas hacia la parte posterior derecha del cerebro y a su vez el ojo derecho manda volteadas las imágenes hacia la parte posterior izquierda del mismo. Así funcionamos.

Lo que dice este sistema de activación reticular es que tú vas a encontrar (notar, percibir) más de aquello que eres o estás buscando, pero no se trata de que vaya a aparecer en tu vida. Tú tienes una visión que abarca un poco más de ciento ochenta grados en tu campo visual, y cuando repites una afirmación, cuando tienes una emoción positiva y de prosperidad, cuando buscas algo (como dice la Biblia, «el que busca encuentra»), estás programando tu cerebro para alertarte y mantenerte atento al momento en que eso aparezca en tu vida. Te pongo un ejemplo: si eres mujer y estás embarazada, de repente empiezas a ver mujeres embarazadas todo el tiempo a tu alrededor. ¿Por qué? Porque como tú estás embarazada, tu activación reticular empieza a buscar personas similares a ti, y no solo eso, sino que cuando vas de compras percibes más rápidamente la ropa de mujeres embarazadas y los artículos de bebé, porque ese es tu interés. Nosotros los caballeros, si tenemos un auto nuevo, empezamos a ver nuestro auto en la calle y nos preguntamos si todo el mundo compró el mismo vehículo. Obviamente, no es que haya de repente más autos como el mío en la calle, lo que sucede es que de inmediato el cerebro identifica a aquellos que son similares al nuestro.

En el momento en que estoy escribiendo este libro me encuentro en un proceso para perder peso, cambiar el PH de mi cuerpo y bajar el nivel de glucosa, por lo cual llevo noventa días consumiendo más o menos un galón de agua con algunas gotitas de limón (lo que yo llamo un agua «verde» alcalina) y haciendo ayuno una vez a la semana, consumiendo solo agua durante todo el día. El ayuno es una estrategia extraordinaria no solo para perder peso, sino para limpiar tu sistema, así que como quiero lograr eso, estoy en búsqueda de alimentos sanos y trato de enfocarme en mi salud y nutrición. Pues bien, generalmente suelo ir a una cadena de supermercados que me gusta mucho, se llama Whole Foods, antes yo entraba e identificaba de inmediato el lugar en el que estaban las galletas de chocolate negro, porque solía comer esas galletas. Ahora no veo ni siquiera el sitio, no lo percibo, mi cerebro cambió completamente la estrategia con respecto a buscar comida y ahora busca cosas diferentes, cambió el enfoque. Así que no es que las cosas aparezcan o se expandan en tu vida, no es que atraigas algo, sino que eres tú el que va a eso similar a lo que eres.

Esto no solo es muchísimo mejor que la ley de la atracción, la cual afirma que tú atraes las cosas o los acontecimientos, sino que es mucho más sano. Entonces, si algo no te gusta, ¿te vas a sentir mal porque estás atrayendo ese acontecimiento? ¿O intentarás encontrarle una razón y decir que eso te tenía que suceder por algo? De hecho, hemos leído en la prensa sobre la vida de personas que le han hecho mucho daño a la humanidad y yo no veo que les vaya mal o estén pasando por situaciones terribles como muchas otras que conozco y tienen buen corazón. La vida es vacía y no tiene significado en sí, el significado se lo das tú en cada momento, ahí reside tu grandeza, y entonces eso te da poder, ya que creas una representación diferente a los acontecimientos. Creas un significado empoderado. No te preguntas: «¿Por qué me sucede esto a mí? ¿Por qué lo atraigo?», sino más bien: «¿Cómo puedo encontrar el bien en esta situación? ¿Cómo puedo aprender de esta situación para que no se repita en mi futuro?». Esas preguntas son poderosas.

Gandhi afirmaba: «Si quieres erradicar la pobreza, pues no seas pobre», y una de las maneras de lograr esto es creando algo, creando abundancia, lo cual no tiene que ver necesariamente con dinero. Gandhi decía también: «Sé el cambio que quieres ver en los demás», es decir, utiliza tu sistema de activación reticular. Gandhi no hablaba de atraer el cambio que queremos ver en los demás, sino de ser el cambio que deseamos ver en otros, porque cuando cambias, vas a utilizar tu sistema de activación reticular y a reconocer a otras personas que están en lo mismo, y además vas a guiar a través de tu cambio a otros que están buscando por medio de su sistema de activación reticular a alguien como tú. Permíteme darte a conocer una estrategia maravillosa que puedes usar en tu vida: ¡Deja de buscar afuera, pues todo lo que necesitas en tu vida está en ti ahora!

Así que te invito a lo siguiente, vamos a llevar a cabo una práctica en los próximos diez días: enfócate solamente en crear acontecimientos en tu vida, asume la responsabilidad por todo lo que ocurre en ella y olvídate de si atraes o no, empieza a originar acontecimientos proactivos pase lo que pase y a través de una certeza en tu interior, comienza a crear momentos extraordinarios, porque tú eres el creador de tu vida y mediante tus acciones vas a definir tus reacciones, lo cual veremos en nuestro próximo capítulo.

La ley de acción y reacción

«UNA VERDADERA DECISIÓN SE PUEDE MEDIR POR EL HECHO DE QUE HAS ACTUADO, SI NO HAY ACCIÓN QUIERE DECIR QUE NO HAS REALMENTE DECIDIDO NADA».

—TONY ROBBINS

Esta ley de Isaac Newton establece que con toda acción ocurre siempre una reacción igual y contraria, lo cual quiere decir entonces que las acciones mutuas de dos cuerpos siempre son iguales y están dirigidas en un sentido opuesto. Eso se traduce también en la famosa frase: «Cosechas todo lo que siembras».

A largo plazo, de una u otra manera, cosecharás todo lo que siembras en tu cerebro. Se trata de una ley, algo inevitable. Esto resulta en verdad interesante, porque nos lleva necesariamente a hacernos la siguiente pregunta: ¿Si todos queremos el éxito, si el 99% de las personas quiere disfrutar de la abundancia financiera, por qué no la conseguimos? Porque una cosa es lo que tú quieres y otra cosa es lo que haces. En el momento en que realizas una acción, vas a tener que pagar un precio por eso que estás haciendo.

Por ejemplo, si quiero bajar de peso, el precio que tengo que pagar es no comer tanta azúcar, no comer carbohidratos, hacer ejercicio, comer en pequeñas cantidades y poner en práctica miles de métodos más para peder peso; ese es el precio que tengo que pagar por lo que quiero conseguir. La reducción de peso es la reacción que estoy generando para esa acción que estoy llevando a cabo, porque no hay nada gratis.

Considera lo siguiente. En algún momento se realizó una encuesta en Estados Unidos en la que participaron cien jóvenes de aproximadamente veinticinco años. Se les preguntó si querían ser millonarios cuando llegaran a los sesenta o sesenta y cinco años. De hecho, todos dijeron que sí, y se podía ver en los ojos de esos jóvenes las ganas de tener éxito. Después de cuarenta años se volvió a reunir a los sobrevivientes de esa encuesta y la investigación arrojó los siguientes resultados: del total de jóvenes solo uno es millonario, cinco tienen una posición económica muy buena, cuatro trabajan con muy buenos sueldos, y cincuenta y seis están en la pobreza crítica.[1] ¿Qué pasó entonces con esas ganas, esa fuerza, esa ilusión de alcanzar y amasar una fortuna? ¿Qué sucedió con ellos? Pues varias cosas:

1. La mayoría de esos cincuenta y seis, y de los otros que no están en los resultados, no tenía una meta clara.

2. De esos cincuenta y seis, una buena parte no actuó de manera constante dirigida hacia una meta.

3. Tenían demasiadas metas, todas con tanta fuerza e importancia como la de conseguir dinero.

1. «The Strangest Secret – Earl Nightingale: Video and Transcript», artículo escrito por Paul Baile publicado en Linkedin.com y puede ser visto online en www.linkedin.com/pulse/strangest-secret-earl-nightingale-video-transcript-paul-bailey.

La Biblia afirma: «Cada uno cosecha lo que siembra» (Gálatas 6.7 NVI). Imagina en este momento que tu cerebro es tierra fértil y que siembras dos semillas en él: una semilla de fuerza, convicción, amor y verdad, y la otra de fracaso, decepción, mentira, miedos y dudas. Tu cerebro va a hacer germinar aquello que siembras, sin importar lo que esto sea.

Sucede como en la tierra, tú tienes dos semillas, una es de una fruta (supongamos que es un mango) y la otra es una semilla venenosa. Si siembras esas semillas, las riegas y las cuidas, pues las dos germinarán, sin importar su naturaleza. Cada vez que siembras dudas o pensamientos que no van en pro de ese poder interno o esas metas que tienes, tu cerebro con el tiempo va a germinar lo que estás sembrando, va a reaccionar ante eso.

Cuando se habla de la «Ley de acción y reacción», no solamente con respecto al pensamiento, sino en cuanto a las acciones, lo que sucede no tiene nada que ver con los demás, sino solo contigo. De una u otra manera tienes que pagar el precio por las cosas que quieres alcanzar en tu vida. Si quieres ser médico cirujano especialista, vas a tener que pagar el precio de estudiar durante muchísimas horas de tu vida para tener eso que buscas, eso que anhelas, que es el título de médico. Sin duda, cada vez que inviertes algo, obtendrás un resultado.

Ahora considera esto tan interesante. Hablando de sembradíos, hay una planta en China, un bambú, que luego de que siembres la semilla, la cuides, la riegues y le pongas un buen abono, no rompe ni siquiera la tierra durante cuatro o cinco años, pero una vez que brota, en seis meses puede alcanzar hasta nueve pies, casi tres metros. Mi pregunta es la siguiente: ¿Ese bambú creció nueve pies en seis meses o creció nueve pies en cinco años?

¿Qué quiero decir con esto? La historia ha demostrado que aquellas personas que demuestran persistencia y perseverancia ante lo que quieren en la vida, no sé si es tarde o temprano, pero lo consiguen en algún momento. Hay personas que han abandonado sus metas estando a un paso de alcanzarlas, han tirado la toalla y viene otro, percibe la idea, actúa, da los pasos necesarios y lo consigue. La primera persona estuvo intentándolo durante diez años y la segunda lo consiguió como se dice, de la noche a la mañana.

Persiste, recuerda que tienes que ponerles una meta a tus sueños, tienes que establecer una fecha límite, porque si no, generalmente no sucede nada. Y si se te olvidó cómo hacerlo, puedes regresar al capítulo «Metas: sueños con fecha» para que sepas exactamente lo que tienes que hacer. No obstante, recuerda también que tienes que pagar un precio. Toda acción que generas en tu vida tiene un precio, para alcanzar toda meta tienes que dar algo a cambio, porque el universo funciona de esa manera, es una ley. Todo lo que empujas hacia la izquierda va a tener un retorno con la misma intensidad y fuerza que le aplicaste, pero hacia la derecha, así que empuja con todas tus fuerzas y haz lo necesario para conseguir esa meta, con persistencia y paciencia, sin hacer tantas cosas al mismo tiempo, pues como dije antes en este capítulo, uno de los factores que influyó en que esos cincuenta y seis jóvenes fallaran en alcanzar su objetivo fue que tenían demasiadas metas con la misma intensidad.

Hay una estrategia muy efectiva que se llama *estrategia del descarte*. Fíjate que en los centros comerciales hay dos maneras de abrir las puertas: una es halándola hacia ti (eso tendría que ver con la forma en que te enfocas en las metas y actúas para alcanzarlas) y la otra es empujándola lejos de ti, que es lo que yo llamo la estrategia de descarte, la cual consiste simplemente en borrar de tu vida aquello que no te interesa para poder enfocarte fuertemente en lo que quieres.

CAPÍTULO 16

La estrategia del descarte

«EL MUNDO ENTERO SE APARTA CUANDO
VE PASAR A UN HOMBRE QUE SABE A
DÓNDE VA».

—ANTOINE DE SAINT-EXUPÉRY

«LA DIFERENCIA ENTRE LA GENTE EXITOSA
Y LA GENTE SÚPER EXITOSA ES QUE ESTA
ÚLTIMA LE DICE QUE NO A CASI TODO».

—KEITH CUNNINGHAM

¿Ustedes se acuerdan de la película *Shrek*? Esa película me encanta. Hay una parte en la que la mamá de Fiona debe besar a un sapo (que es el rey) para romper el embrujo, lo cual proviene de la fábula de Disney en la que la princesa debe besar a varios sapos antes de conseguir al príncipe. Esta es una metáfora que podemos traducir diciendo que muchas veces en la vida quizás tenemos que cometer muchos errores antes de conseguir a la persona adecuada, a la que de verdad amamos.

Si de ahora en adelante tú aplicas la estrategia del descarte, tu vida va a ser más interesante. Tal vez te preguntes qué significa eso. Pues vamos a suponer que tienes una meta clara o quizás no muy clara, presumamos que anhelas ser actor o actriz, deseas pertenecer al mundo de las artes. Es posible que sepas bien lo que quieres o más o menos lo que *no* quieres hacer en tu vida. Así que tomas un cuaderno y en una hoja escribes las cosas que quieres y en otra hoja anotas las que no quieres, lo que no deseas más y te tiene cansado que siga sucediendo. Esa estrategia del descarte te va a dar una gran gama de posibilidades, de hecho, te vas a sorprender.

Cuando dicto mis seminarios, en el momento en que les pregunto a los asistentes qué es lo que quieren en sus vidas, les cuesta pensar en lo que de verdad desean. Algunos afirman que riqueza, salud y amor, pero se toman cierto tiempo para decirlo. Lo interesante de esto es que cuando les pregunto qué es lo que *no* quieren en sus vidas, rápidamente surge una lista larga de cosas, por ejemplo, dicen que no desean experimentar infidelidad, gordura, maltrato, pobreza, esto o aquello. Expresan mucho más rápido las cosas que no quieren que las que sí desean.

Esta estrategia de descarte te va a dar la oportunidad de apartar del camino las cosas que no quieres, al menos a nivel neurológico, a fin de que uses tu reactivación reticular de una manera muy efectiva.

Cuando utilizas la estrategia del descarte, estás logrando el efecto de un láser, ya que eres muy específico y claro. Así que empieza a anotar en tu cuaderno, al cual vamos a llamarle tu «Guía del éxito», las cosas que no quieres más en tu vida, y eso va a marcar la pauta. Vas a empujar esa puerta igual que lo haces cuando entras a un centro comercial y a apartar de ti todo lo que distraiga tu atención. A la hora de la verdad, eso es como una basurita en el ojo que no te deja ver bien y molesta, porque solo está distrayéndote de tu meta original, de lo que realmente quieres para tu vida, de modo que es muy importante que lo identifiques.

Muchas veces no sabemos qué nos impide alcanzar el éxito, y no solamente es el fracaso. Hay personas que *detienen el proceso de ser exitosas porque le temen al propio éxito*, se están saboteando a sí mismas, porque tienen miedo de triunfar. Las preguntas que se hacen son: ¿Y si fallo? ¿Y si me equivoco y estropeo todo? Entonces prefieren hacer otra cosa. Recuerda que ese cerebro reptil que está en ti buscará siempre protegerte de toda amenaza. Aplica esta estrategia de descarte con todo lo que forma parte de tu vida, tu pareja, lo que no soportas de tu trabajo, o lo que no te agrada de las personas con las que te relacionas.

Te digo algo más, si tienes una pareja ahora y las cosas que no soportas de esa persona son más numerosas e importantes que los aspectos que te gustan de esa relación, creo que es momento de que tomes la decisión de hacer un cambio sustancial o buscar otra pareja. Una relación de pareja implica a dos personas individuales caminando un mismo sendero, apoyándose una a la otra, trabajando juntas en metas comunes, no a una montada encima de la otra. No creo en esas relaciones de pareja que dicen haber hallado «su otra mitad», pero más bien parece que se ha agarrado la mitad de una manzana verde y la mitad de una manzana roja y se han puesto juntas, lo cual nunca será una manzana completa.

Mi concepto de relación de pareja es caminar en la vida con alguien tan íntegro como tú, que vaya junto a ti y te apoye en las cosas que amas, aunque no las comparta todas. Si tienes una relación de pareja como aquella de la película de años atrás llamada *Durmiendo con el enemigo*, eso no es una relación de pareja, no es una relación sana, sino más bien una relación en la que estás compitiendo con la persona que duermes, y seguramente no serás feliz. Si no soportas a tu pareja, debes empezar a tomar decisiones, aunque digas que estás acostumbrado o te da miedo dejarla, porque tarde o temprano la relación se disolverá y al final lo que habrán hecho ambos es perder un valioso tiempo.

Si utilizas esta estrategia de descarte en tu relación de pareja, eso no solamente te dará la oportunidad de conseguir a una persona más acorde con tu vida, sino que también tu pareja podrá encontrar a alguien que sea más acorde a la suya.

Si aplicas la estrategia de descarte en tu alimentación, no solo vas a rebajar más rápido, sino que vas a alimentar tu cuerpo a nivel celular, el que realmente importa. No se trata de llenarte el estómago, pues en realidad cuando la gente siente hambre es el cerebro quien lo indica, porque está habituada a comer de esa manera. Si quieres rebajar y transformar tu vida con respecto a la alimentación, tienes que transformar tu cerebro y tus creencias en cuanto a la comida. Si agarras tu cuaderno, tu «Guía del éxito», y escribes en la parte derecha de la hoja todo lo que no debes comer y lo que no quieres comer más para rebajar, y luego abres la nevera de tu casa, posiblemente te vas a sorprender de la gran cantidad de comida «chatarra» que tienes allí. Lo primero que tienes que hacer es botar o regalar toda esa comida que va en contra de tu meta específica, y esa estrategia de descarte te va a ayudar a enfocarte mucho más en lo que te hará sentir mejor y sobre todo te va a hacer rebajar rápidamente.

Así que practica el descarte en lo que se refiere a tu alimentación, hazlo a nivel de pareja, hazlo en el plano laboral. En tu «Guía del éxito» escribe todas las excusas que te das a diario para no hacer las cosas que tienes que hacer, para no cambiar de relación o rebajar; escribe todo lo que no te sirve y que va en dirección contraria a tu meta. Si utilizas la estrategia de descarte, vas a lograr acallar esa voz que te limita, que no es la voz de Dios, pues él quiere que tú tengas un alcance ilimitado, sino es la voz de tus malos hábitos y tú condicionamiento negativo.

Utiliza a partir de hoy la estrategia de descarte en cada aspecto de tu vida: descarta tu comida, elimina de tu nevera y tu despensa todo lo que te engorda y no alimenta tus células de una manera proactiva; descarta tus relaciones tóxicas; descarta tu trabajo tóxico; descarta tus pensamientos tóxicos, que te llevan a hacer lo que no debes hacer y te hacen perder tu tiempo, diciendo luego que no te alcanza el día y que eso no es justo. Te voy a decir algo: Jesús dispuso de las mismas veinticuatro horas que tienes tú, Gandhi tuvo las mimas veinticuatro horas que tú, la Madre Teresa de Calcuta tuvo las mimas veinticuatro horas que tienes tú, Steve Jobs también, así que no tiene que ver con el tiempo, sino con tus prioridades. Descarta, descarta y descarta, deshazte de lo que no sirve, renuévate, descarta lo viejo y dale oportunidad a las cosas nuevas en tu vida.

Y para finalizar este capítulo, permíteme decirte que ver las cosas crudamente no es una posición negativa, sino al contrario, muy efectiva. Muchos motivadores y empresarios de éxito hablan justo de la estrategia del descarte, como yo la llamo. Jim Rohn, por ejemplo, decía que tratar de complacer a todo el mundo todo el tiempo es la fórmula para el fracaso.

CAPÍTULO 17

Aprendiendo a controlar el miedo

«APRENDÍ QUE EL CORAJE NO ES LA
AUSENCIA DE MIEDO, SINO EL TRIUNFO
SOBRE ÉL. EL VALIENTE NO ES QUIEN NO
SIENTE MIEDO, SINO QUIEN CONQUISTA
ESE MIEDO».

—NELSON MANDELA

Resulta necesario que aprendamos a manejar las circunstancias que nos producen miedo. Esa voz de limitación que escuchas en tu cabeza no es la voz del Creador o de la certeza, sino una voz creada por tus hábitos, costumbres y creencias.

Nosotros nacemos con dos miedos: el miedo a caernos, porque tiene que ver con el equilibrio, y el miedo a los sonidos fuertes. Los demás son miedos aprendidos por medio de las costumbres, el condicionamiento y las creencias.

Antes se usaba una estrategia muy ortodoxa para dormir a los niños y aunque daba resultados a corto plazo, a veces a largo plazo tenía sus consecuencias. ¿Quién cuando niño no fue amenazado con que si no se iba a dormir el «coco» o el «monstruo» se lo comería? Y nosotros de verdad hacíamos que ese «coco» fuera real, porque el cerebro no discierne entre lo que es una realidad en la actualidad y una realidad creada por la mente, como hemos dicho en capítulos anteriores.

El hecho no es que seas una persona invencible y no tengas miedo, sino que seas una persona con coraje, que no es más que alguien que tiene miedo, pero lo vence. Esa es la idea, que sepas que ese miedo —ya sea creado por ti, el condicionamiento o alguna creencia— es algo que posiblemente no sea real, sino producto de esa voz interior. Cuando realmente tu ser interno toma el control a través de la proactividad, sientes paz. A eso le podemos llamar *intuición*. La palabra intuición viene del latín *intueri*, que significa mirar hacia dentro, introspección, y de eso justamente se trata, de una contemplación y reconocimiento de tu ser interior, que es perfecto, completo y entero, como decía la querida y recordada Louise Hay, quien escribiera el excelente libro *Usted puede sanar su vida*.

Cuando tú enfrentas una experiencia que te produce miedo debido a tus creencias, se da inicio a un proceso que produce ciertos químicos como la adrenalina, la dopamina, la noradrenalina, que hacen que te paralices, tu corazón empiece a latir más rápido y tu piel (que es tu órgano más grande), empieza a sudar, ya que cambia tu temperatura interna. Y todo eso se produce a través de un pensamiento. Si, por el contrario, no experimentas miedo ante ese pensamiento, pues no lo conoces, no reaccionas ni tiene lugar el proceso que mencionamos antes.

Por ejemplo, imagina que les tienes miedo a las serpientes y que hay un bebé cerca de una de ellas. La criatura no reconoce lo que es una serpiente, ni sabe el daño que puede producirle ese animal, así que no experimenta ningún tipo de miedo. Quizás para el bebé la serpiente es un juguete, pues en su mundo todavía no está identificado ese peligro, sin embargo, tú estás completamente pálido, paralizado y sudoroso, ya que sí sabes lo que puede significar. Atención, eso no quiere decir que, si ocurre algún acontecimiento, como por ejemplo que la serpiente muerda al bebé, él no va a experimentar completamente la reacción. El hecho de que no conozcas algo no significa que dejarás de sentir sobre ti la fuerza o el resultado de lo que ocurra. Por ahí dicen que la ignorancia es una bendición, pero yo no estoy de acuerdo, porque que no sepas algo no quiere decir que no te va a afectar, sino que te afectará de igual manera.

Entonces, cuando enfrentas una situación determinada, como una entrevista de trabajo, una salida en la que conocerás a una chica o un chico, o una experiencia que representas en tu mente con incertidumbre, tu cerebro va a generar los químicos correspondientes para que sientas la emoción del miedo. En inglés, la palabra miedo es *fear*, y la usan para decir que el miedo es una experiencia falsa que parece real (F: *false*, E: *experience*, A: *appear*, R: *real*), sin embargo, somos nosotros los que lo hacemos realidad, aunque siempre va a depender de tu manera de pensar, proyectar o utilizar tu poder interno.

¿Cuáles son los miedos más comunes que tenemos? Según las investigaciones: miedo a la soledad, a la muerte, a la vejez, a la enfermedad, al rechazo, a hablar en público, a fracasar, y acá me voy a adelantar diciendo lo siguiente: si tú eres una persona que tiene miedo a fallar, puedo garantizarte que no vas a ser exitoso, porque lo más seguro es que en tu proceso para conseguir el éxito falles muchas veces (no fallas = no éxitos, fallas = éxito). El camino al éxito está plagado de fracasos, en cambio, lo que aprendemos es que el camino opuesto al éxito es la zona de confort. De eso trataremos en el próximo capítulo.

Aprende a fortalecer tu seguridad a través de la certeza, de la percepción de que eres un ser indetenible, que produce siempre resultados perfectos. En la duda no se encuentra la grandeza. En la duda simplemente estás enfocando tu mente en dos puntos opuestos o diferentes, y cuando pasa eso y vives lleno de dudas, tus emociones son el miedo, la inseguridad, lo cual te hará sentir sin fuerza y dejar tus metas a un lado. De hecho, cuando tienes solo dos opciones que elegir, no se trata de una decisión, sino de un dilema, busca siempre la manera de tener al menos tres opciones entre las cuales elegir... ¡y si no existen, pues créalas!

Proponte a partir del día de hoy reconocer que eres un ser perfecto, completo y entero, comprende que la voz única de Dios es la voz extraordinaria que puede estar dentro de tu cerebro, y que tú eras capaz de establecer esa situación en todo momento. Recuerda que eres un ser poderoso y que a través del poder puedes solucionar cualquier cosa. Yo pienso que Dios nunca te va a mandar nada que no puedas manejar ni superar si estás comprometido a conseguir lo que quieres. Si estás comprometido con el éxito, no importa las veces que falles, tú vas a encontrar el camino, pero debes salir por completo de la zona de confort, ya que permanecer en ella es lo peor que te puede pasar y definitivamente lo opuesto al éxito.

Antes de terminar este capítulo, quiero compartir contigo un extracto del libro *A return to love* [Volver al amor], de Marianne Williamson que habla sobre el miedo:

Nuestro miedo más profundo no es que seamos inade-cuados. Nuestro miedo más profundo es que somos poderosos sin límites. Es nuestra luz y no nuestra oscu-ridad lo que más nos asusta. Nos preguntamos: ¿Quién soy yo para ser brillante, precioso, talentoso y fabuloso? En realidad, ¿quién eres tú para no serlo? Eres un hijo de Dios. El hecho de jugar a ser pequeño no le sirve al mundo. No hay nada iluminador en encogerte para que otras personas cerca de ti no se sientan inseguras.

Nacemos para hacer manifiesta la gloria de Dios que está dentro de nosotros. No solamente en algunos de nosotros, sino en todos y cada uno. Y a medida que permitimos que nuestra propia luz brille, inconsciente-mente les damos permiso a otras personas para hacer lo mismo. Y al librarnos de nuestro miedo, nuestra presen-cia automáticamente libera a los demás.[1]

Hermosas palabras y completamente ciertas, dejamos de brillar muchas veces debido al qué dirán. Definitivamente, el éxito en la vida (y no solo hablo de dinero) está destinado a aquellos que dan un paso hacia adelante sin importar lo que el mundo dirá de ellos. Así que las personas que se la pasan culpando a otros de su fracaso y todo lo malo que les sucede

---

1. Marianne Williamson, *A Return To Love: Reflections on the Principles of A Course in Miracles* (New York, HarperCollins, 1992), pp. 190-191.

deben saber que no prosperan porque viven en la zona de confort.

Para finalizar este capítulo y entrar a analizar la zona de confort, permíteme comentarte algo interesante. El miedo se crea en el cerebro, pero el coraje nace en el corazón. La palabra coraje proviene del término francés *courage*, que significa desde el corazón. Los franceses usan la expresión *bon courage* para animarte a ser valiente. Vamos a profundizar más esto, el corazón se crea antes que el cerebro en el ser humano, así que cuando el cerebro produce el miedo, el corazón es el que podrá a través del coraje sacarte siempre de allí. Es fortaleza lo que se requiere para sacar siempre tu vida hacia delante. Coloquialmente decimos que una persona no tuvo testículos u ovarios para resolver un problema o superar el miedo, pero esta no es una cuestión de los órganos sexuales, sino del corazón.

CAPÍTULO 18

La zona de confort

«SI USTED SE PONE EN UNA POSICIÓN EN
LA QUE TIENE QUE SALIR DE SU ZONA DE
CONFORT, ENTONCES ESTÁ OBLIGADO A
EXPANDIR SU CONCIENCIA».

—LES BROWN

L a zona de confort se opone al éxito y es el punto en donde tenemos una vida rutinaria, donde seguimos haciendo lo mismo porque nos causa seguridad, estamos cómodos y no hay ningún tipo de esfuerzo ni quebrantamiento. Estamos diseñados para querer vivir en la zona de confort, en la comodidad.

Sin embargo, los seres humanos, a diferencia de los animales, tenemos algo que es extraordinario, pero a la vez resulta completamente devastador (dependiendo del uso que se le dé), y es el libre albedrío.

Si en una pradera un conejo se levanta todas las mañanas y no corre más que el tigre, el jabalí o cualquier otro animal depredador, ese conejo no sobrevivirá hasta el día siguiente. En esa misma pradera, si el tigre, el jabalí o cualquier animal depredador no corren más rápido que su presa (el conejo, por ejemplo), pues no comen. Los animales no tienen posibilidad de escoger, de tener libre albedrío, tienen que dar el máximo de sus vidas y mantenerse alertas para poder sobrevivir.

Muchas veces el ser humano lo único que desarrolla es el músculo que está entre los dedos índice y pulgar de su mano, porque es el que usa para escribir en su teléfono celular o manipular el control remoto del televisor, y una que otra vez ejercita los bíceps para llevarse la comida a la boca. Esto sucede porque lamentablemente muchas veces vivimos en esa «zona complaciente» en la cual no hay crecimiento, expansión, ni superación.

Entonces, si analizamos como hicimos en los capítulos anteriores a un grupo de cien personas que a los veinticinco años tenía esa alegría y deseo de tener éxito, pero del cual solo uno es millonario, entenderás por qué generalmente el 99 % de la población del mundo tiene que trabajar para ganar dinero. No se trata de tener el éxito que tú quieres o no, sino de cómo manejas tu zona de confort.

Rechaza tu zona de confort, huye de ella. Les Brown, el motivador que citamos al principio del capítulo, afirma que el problema a la hora de alcanzar tus metas es que inmediatamente que logras una debes ponerte una meta superior, porque si no te quedas estancado ahí.

Fíjate en este ejemplo que ilustra lo anterior: Neil Armstrong fue el primer hombre que pisó la luna. Él hizo un esfuerzo gigante y tuvo un entrenamiento físico y mental largo, preparándose intensamente durante horas y horas de trabajo. Neil logró viajar en el cohete espacial Apollo 11 arriesgando su vida, llegó a la luna con una precisión milimétrica, siendo el primer hombre en la historia de la raza humana que bajó al suelo lunar, declaró su frase célebre: «Un pequeño paso para el hombre, un gran paso para la humanidad», y se subió nuevamente a su cápsula para regresar a la tierra, arriesgando su vida una vez más. Nunca nadie había hecho eso jamás, y cuando llegó a la tierra lo recibió el presidente de Estados Unidos, le hicieron un desfile en Nueva York que duró semanas, y apareció en las portadas de todas las revistas y periódicos del mundo. Imagina qué sucedió cuando esa persona llegó a su casa, se acostó a dormir en su cama, abrió los ojos, miró al techo y se preguntó: «¿Y ahora qué hago? ¿Qué hago con mi vida? Ya llegué a la luna. ¿Qué puedo inventar ahora que sea lo suficientemente atractivo para considerarlo una meta inmensa?». El resultado fue que «cayó» en la depresión, y puse cayó entre comillas porque uno no cae en la depresión, sino crea la depresión, así como crea cualquier otra emoción en su cuerpo. (De modo que, por favor, de ahora en adelante evítate el comentario sin razón de decir que no sabes por qué hoy o ayer amaneciste deprimido, eso no es así. Tú mismo, con tu mente, pensamiento, enfoque y la interpretación de tu vida creas la depresión.)

Lo peor que te puede pasar es conseguir tus metas fácilmente y quedarte allí, sin tener más aspiraciones. Tienes que expandirte, tienes que crecer, tienes que salir en la mañana con el pensamiento de hacer ejercicio, tienes que levantarte con deseos de comerte al mundo, tienes que tener una meta lo suficiente grande y motivadora para que despiertes todas las mañanas con ganas de crecer y progresar.

¿Te acuerdas de Steve Jobs, el creador de Apple? Todavía hoy disfrutamos de todos sus éxitos y gracias a él no cargas en tu auto un montón de CDs o casetes. Pues Jobs se miraba todos los días en el espejo y se preguntaba qué pasaría si ese día se moría, lo cual hacía que viviera al máximo. Él era una persona que estaba constantemente estableciendo metas nuevas y cada vez más difíciles para continuar inmerso en el proceso de salir de la zona de confort. No perdía el tiempo, sino que solo se ocupaba de cosas que para él eran realmente importantes.

Aquí entre tú y yo, sé que es muy sabroso no hacer nada, dormir y comer todo el día, así como ganarse la lotería (aunque las estadísticas dicen que el 44 % de las personas que se la ganan pierden todo en menos de cinco años)[1], pero al final del camino todo eso no te dará ningún mérito, ya que el mérito lo obtenemos a partir de aquello que nos cuesta esfuerzo. Por lo general, lo que conseguimos fácilmente, fácilmente lo perdemos.

Así que huye de la zona de confort, ya que es tu peor enemigo y te tiene justo allí donde no quieres estar, rompe con las reglas establecidas y la comodidad en tu vida. A partir de ahora tienes que ponerte metas altas y proponerte todos los días hacer algo en pro de esa meta que quieres conseguir, y una vez que la alcances, establecer otra más alta y alcanzar resultados, porque ellos dicen más que tus palabras. Siempre será mejor que tus resultados hablen por ti, y eso es precisamente el tema de nuestro próximo capítulo. ¿Qué hacemos con los resultados que obtenemos en nuestra vida?

---

1. «Lottery Winner Statistics», estadísticas publicadas por Statistic Brain para Statistic Brain Research Institute y pueden ser vistas online en www.statisticbrain.com/lottery-winner-statistics.

CAPÍTULO 19

Los resultados

«SI BUSCAS RESULTADOS DISTINTOS, NO
HAGAS SIEMPRE LO MISMO».

—ALBERT EINSTEIN

Este capítulo es muy interesante. ¿Qué estoy haciendo con los resultados que produzco? ¿Qué haces con tus resultados? Si esos resultados te gustan, pues sigue llevando a cabo el mismo procedimiento; si tus resultados no te gustan, entonces tus procedimientos tienen que cambiar.

Hay una frase de Indira Gandhi que me encanta: «El mundo exige resultados, no le cuentes a otros tus dolores de parto, muéstrales al niño», es decir, deja de hablar acerca de lo que estás haciendo y que sean tus resultados, tus hechos, la realidad, lo que hable por ti realmente.

Recuerda que cualquier acción genera una reacción igual en sentido opuesto, ya mencionamos eso como una ley en capítulos anteriores. No todo lo que nos sucede es el resultado de nuestros pensamientos y acciones, pero sí es nuestra responsabilidad cómo reaccionamos ante lo que nos ocurre. Tú eres totalmente responsable de lo que sucede en tu vida, como dijimos antes. ¿Te acuerdas del capítulo en el que te conté sobre mi choque al salir de la radio? Yo fui responsable de eso, mi resultado era que tenía que asumir con responsabilidad (que es responder con habilidad) ante lo que me estaba sucediendo en ese momento.

Sin embargo, ¿qué haces con los resultados que no te gustan? Pues tienes que cambiarlos, tienes que reformar los procedimientos, modificar el pensamiento, de modo que ese nuevo pensamiento te lleve a una emoción diferente que te conduzca a una acción diferente, y a su vez esa acción diferente produzca un resultado diferente.

Tienes dos maneras de llegar al éxito. La primera es construyendo el camino al éxito si no está construido, una manera evidentemente difícil. La otra es asimilando, modelando a alguna persona que ya haya conseguido el éxito que tú quieres. Tony Robbins dice en sus seminarios que muchos emprendedores llegan a lo que llaman un plató, una zona sin crecimiento.

En algún momento de nuestra vida nos sucede esto. Por ejemplo, físicamente, si estamos perdiendo peso y ya no rebajamos más; económicamente, si pasamos mucho tiempo ganando lo mismo, por supuesto porque seguimos haciendo lo mismo. De igual modo ocurre en la relación de pareja, cada cierto tiempo pueden caer en el aburrimiento y entonces discutir porque necesitan cambiar de estado. Robbins afirma que llegas a ese plató debido a que alcanzas un resultado. Explica que muchas veces las personas se esfuerzan y se esfuerzan hasta que por fin rompen esa plataforma, ese techo, y siguen subiendo o modelan a alguien que ya haya alcanzado lo que quieren. Él cuenta la historia del chef de la torta más extraordinaria del mundo.

El chef de las tortas es un francés que estudió y trabajó durante veintisiete años para diseñar y crear la torta de chocolate más increíble. Él estuvo veintisiete años estudiando y fallando, probando y fallando, añadiendo nuevos ingredientes, hasta que consiguió el procedimiento exacto para crear esa torta, la más impresionante del mundo, la mejor torta de chocolate, con lo cual logró convertirse en el mejor a nivel internacional.

Ahora bien, si a ti te gusta la repostería, no necesitas estudiar veintisiete años para crear una torta de chocolate espectacular, sino que solamente tienes que saber cómo este chef elabora la torta, cuáles son los ingredientes y el procedimiento para lograr la mejor torta de chocolate. No necesitas los veintisiete años, solo seguir sus pasos.

La modelación significa la adquisición de procedimientos, estrategias, productos, ingredientes (como en el caso del chef) o consejos de alguien que haya obtenido el éxito que estás buscando, no necesitas romperte la cabeza durante muchos años para llegar a eso. Y hay algo mejor, puedes adaptar aquello que modelas a tu vida personal. Por ejemplo, si yo soy un chef que quiero modelar la torta de chocolate, busco los ingredientes e imito el procedimiento haciendo la misma torta, pero en mi caso le hago una adaptación especial, adicionándole un ingrediente diferente, sustituyendo alguno por otro o cambiando la cantidad, y entonces tendré una torta acondicionada a los resultados que quiero tener, será mi torta particular y con mi firma.

No se trata de copiar, (porque es posible que seas una mala copia) sino de modelar lo que le sirvió a la otra persona y adaptar las cosas a tu vida. Si eres un ser único, tienes que tener resultados únicos. Si copias a los demás, muy probablemente serás una mala copia, pero si modelas a otros, puede llegar un momento en el que tu resultado sea incluso mucho más grande o mejor que el de aquella persona a la que estás modelando, porque adaptaste los distintos elementos a tu vida.

Recuerda, si no te gustan los resultados en tu vida, eres el único responsable, eres el único que puede cambiar las cosas. Reforma el procedimiento, modifica tu manera de pensar, eso cambiará tu manera de sentir, y al sentir diferente actuarás diferente, lo cual te llevará a obtener resultados distintos. Sin embargo, eso solo depende de ti, de cuándo lo hagas, porque mientras más rápido lo lleves a cabo es mejor, ya que lo único justo que tiene la humanidad es el tiempo (de eso hablaremos en nuestro siguiente capítulo). Como dije antes, no pidas justicia, pide ser mejor, recuerda que las mismas veinticuatro horas que tú tienes las tuvo Jesús, Jeff Bezos, la Madre Teresa de Calcuta y todas las personas que han cambiado al mundo. ¿Qué vas a hacer con esas veinticuatro horas? Maximiza tu tiempo y si no te gustan los resultados que obtienes, cámbialos, y si aún no te gustan, vuélvelos a cambiar. Cámbialos todas las veces que sea necesario hasta que consigas los resultados específicos que deseas.

CAPÍTULO 20

El tiempo

«CUANDO DECIMOS QUE TODO
TIEMPO PASADO FUE MEJOR, ESTAMOS
CONDENANDO EL FUTURO SIN
CONOCERLO».

—FRANCISCO DE QUEVEDO

¿Qué es realmente el tiempo? Aristóteles decía que es la medida que hay entre un instante y otro instante. ¿Pero todos sentimos esa medida de la misma manera? Te hago la siguiente pregunta. Cuando la estás pasando mal ¿no se te hace eterno el tiempo? y cuando la estás pasando bien ¿no se te va volando?

El tiempo es una emoción, definitivamente. La manera de medir la traslación y la rotación de la Tierra es por medio de un reloj, pero la sensación que produce el tiempo es una emoción. Todo depende de cómo la estemos pasando en el momento, y obviamente a través de ese tiempo podemos maximizar nuestra vida o no.

¿Qué es perder el tiempo? Perder el tiempo es utilizar cualquier tipo de distracción para alejarte de tu enfoque principal. Stephen Covey, un motivador reconocido mundialmente que se ha dedicado a las charlas empresariales, estableció una división de los acontecimientos que caracteriza el manejo efectivo del tiempo.

El modelo de Covey está dividido en cuatro cuadrantes. En el primer cuadrante, él coloca las *cosas importantes y urgentes*, las cuales merecen tu total atención. Por lo general en esta zona no hay mucha planificación, sino que te la pasas apagando fuegos. Este cuadrante implica resolver esos asuntos imprevistos y emergencias de salud, lo que significa que el mismo requiere tu total atención de manera rápida, urgente e importante. Habitualmente este cuadrante genera estrés.

El segundo cuadrante contiene las *cosas que son importantes, pero no urgentes*. Y ahí entra realmente en juego la planificación de tu vida. Incluye, por ejemplo, el desarrollo personal, hacer ejercicios, la visualización del futuro, la proyección de metas. En cuanto a esto quisiera comentarte una opinión personal, pese a toda esta planificación del tiempo, yo pondría en este cuadrante a la familia y los seres queridos. ¿Sabes por qué? Jamás he visto alguna lápida que diga: «Tus amigos del golf te extrañan» o «Tu jefe te extraña en la oficina», por lo general dicen algo como: «Tu familia te extraña, estarás por siempre en nuestros corazones». Así que dedícale tiempo a tu familia, que es lo más importante, porque si no lo haces al final te arrepentirás. Además, ¿alguna vez has visto un camión de mudanza detrás de una carroza fúnebre? Lo que quiero decir es que al final uno no se lleva nada, solo los momentos vividos, de modo que rodéate de gente que te ama.

En el tercer cuadrante, Stephen Covey ubica las *cosas que son urgentes, pero no importantes*. Por ejemplo, si estás en una reunión y suena el teléfono con una llamada que debes atender. En Estados Unidos se hizo un estudio con un grupo SWAT que estaba por graduarse. Ese grupo de tácticas especiales presentó el examen final después de tres meses de arduo trabajo, luego de haber estado sin comer aproximadamente un día y medio en el marco de lo que llaman un entrenamiento de ejercicio extremo. Como a las tres y media de la mañana comenzaron a hacer este examen. Además de que el grupo estaba exhausto, colocaron una mesa con donas al frente de los participantes. Aquellas personas que se pararon para agarrar una dona y comer, reprobaron el examen. Así de importante es este cuadrante, en el que puedes enfocar tu atención en algo que no tiene que ver con tu meta. En este caso, esos participantes tenían hambre (lo urgente), pero su meta era terminar el examen sin distracción (lo importante). Aquellas personas que se pararon a comerse la dona tuvieron un resultado inevitable: las sacaron del curso.

En el cuarto cuadrante están las *cosas que no son importantes ni urgentes*, yo las llamaría las distracciones que nos hacen perder el tiempo. Las vacaciones no son una pérdida de tiempo, sino que están ubicadas en el segundo cuadrante, pues la recreación resulta importante, pero la pérdida de tiempo no. Este cuarto cuadrante incluye buscar vicios para evadir la realidad, así como la lamentación constante y la preocupación, porque por más que te lamentes por lo que hiciste o por más que te preocupes por lo que vas a hacer, no estás haciendo nada, solo perdiendo tu tiempo presente, lo cual te colocaría en el cuadrante de la distracción, el desperdicio y las actividades inútiles. Lamentándolo mucho para la humanidad, la gran mayoría de ella se encuentra en este cuarto cuadrante, en ese tiempo de emoción donde se busca una distracción para evadir las metas que no va acorde con lo que se quiere.

Recuerda, el tiempo es una emoción y puede medirse, pero dependiendo de cómo tú estés viviendo ese instante será eterno o simplemente un segundo. Por lo general, oímos a las personas mayores, a nuestros abuelos, que nos dicen siempre: «No pierdas el tiempo, porque se te va de las manos rápidamente». Una de las cosas que no te puedes permitir es perder el tiempo.

Déjame contarte una pequeña fábula. Tres diablos se encontraban en el infierno y se estaban quejando de lo mal que la estaban pasando, porque las almas no estaban descendiendo al infierno como antes. Había un jefe diablo grande, uno mediano (su asistente) y uno chiquito (que estaba aparte de los otros dos). El jefe grande le dijo al mediano: «Tenemos que idear algo para que el infierno se llene más de almas», entonces el mediano le respondió: «Bueno, vamos a intensificar las enfermedades venéreas, por ejemplo, o vamos a hacer que la gente fume más para que se muera de cáncer». Entonces el diablo chiquito se rió y dijo: «Yo tengo la solución al problema». El diablo grande y el mediano lo miraron con actitud de burla y dijeron: «Espero que lo que vayas a decir sea realmente importante, porque si no, lo vas a lamentar». El diablo pequeño asintió y dijo: «Hagámosles sentir a los seres humanos que son eternos». «¿Cómo que eternos?», balbuceó el diablo grande. El pequeño entonces explicó: «En el momento en que crean que son eternos, van a dejar de alimentarse bien, de ejercitarse, de hacer cosas importantes, de tener éxito;

van a dejar todo lo importante a un lado, y en ese momento se llenará el infierno».

Así que piénsalo bien, no pierdas el tiempo y sobre todo abandona el mal hábito de dejar de hacer lo importante ahora, deja de utilizar las distracciones para no sentir o vivir intensamente tus situaciones de la vida, vive al máximo, comprométete con el éxito, responsabilízate por la transformación, recuerda que el tiempo es una emoción, manéjalo como si siempre se te acabara, para que siempre estés maximizando tu vida y no la desperdicies. Te repito, descansar y recrearse no es perder el tiempo, pero la distracción sí lo es, porque tienes que aprender que, aunque te lamentes o te preocupes (que es el tema de nuestro próximo capítulo), no vas a resolver nada. ¿Cómo sabes que estás perdiendo el tiempo? Porque no estás trabajando en tu meta, no estás enfocándote en tu misión de vida, no estás proporcionándoles bienestar a otros, más bien estás viviendo sumido en el chisme o la envidia, o permaneces pegado al televisor viendo estupideces en vez de estar desarrollando una vida.

CAPÍTULO 21

La culpa y la preocupación

«EN TODA ADVERSIDAD, LOS LAMENTOS
HACEN NECIOS Y LA ACCIÓN HACE
SABIOS».

—NAPOLEÓN BONAPARTE

Hay un libro que me encanta, el cual leí hace muchos años atrás, se titula *Tus zonas erróneas* de Wayne W. Dyer, un excelente escritor y conferencista que murió recientemente. Él tiene en su haber libros maravillosos, pero este en particular habla de la preocupación y la lamentación (culpa) como dos sentimientos inútiles en nuestra vida. Y ya que, como dijimos, te conviertes en aquello en lo que piensas repetidas veces, las personas que se lamentan tienen una vida desgraciada.

De pequeño, cuando tendría algo así como ocho años, estudié en un colegio en Venezuela del Opus Dei. Recuerdo que iba a misa todos los miércoles y una de las oraciones que en esa edad no entendía (y mucho menos comprendía por qué tenía que repetirla yo) era el *Yo confieso*, la cual como parte de la «programación mental» incluía las siguientes palabras: «Por mi culpa, por mi culpa, por mi gran culpa», y para completar te golpeabas en el pecho (anclaje).

De hecho, un día le pregunté en el confesionario al sacerdote, un cura muy agradable y cariñoso que jugaba fútbol con nosotros y aún recuerdo con mucho cariño: «Padre, ¿por qué es mi culpa?». Y él me respondió: «Porque has nacido con esa culpa». Asombrado, repliqué: «¿Cuál culpa? Yo no he hecho nada». Entonces el cura replicó: «La culpa debido al pecado

original. Todos nacemos con la culpa de pensamiento, palabra, obra y omisión, por eso rezas el *Yo confieso*». Y allí va a
temprana edad la programación religiosa católica de la *culpa*,
no solo como un sentimiento programado, sino también ante
el cual no puedes hacer nada, porque has sido marcado como
un becerrito en el momento de tu nacimiento. Por mi parte,
considero que esta programación nos desanima por completo.
La responsabilidad te da poder; la culpabilidad te quita ese
poder, te hace culpable, te mutila, porque no va en pro de la
grandeza del ser humano, sino más bien busca su destrucción,
pues como dice Wayne W. Dyer, la culpabilidad es un sentimiento completamente inútil. La culpabilidad, la lamentación
o la preocupación no sirven de nada y te voy a decir por qué.

Aunque tú te lamentes, te arrepientas o te sientas culpable
por algún acontecimiento, lo que sucedió ya está en el pasado,
es un hecho que se encuentra en la línea del tiempo en el ayer,
y por más que te arrepientas, por más que te lamentes, por
más que te sientas culpable, en el momento presente no vas a
poder cambiar el pasado. A través de la lamentación o la culpa
no vas a aprender de ese acontecimiento, sino solo por medio
del perdón, que es un don para ti. Cuando perdonas a alguien,
te estás haciendo un bien a ti mismo, esto representa un don
para ti, un don de olvido, un don de aprender en el momento presente cómo transformar lo que sucedió. Sin embargo,
por más que te sientas culpable, ese sentimiento de culpabilidad solo te va a mutilar, impidiéndote la posibilidad de salir

adelante. Igualmente ocurre con el arrepentimiento, por más que te arrepientas, tu momento presente ni tu futuro van a cambiar para bien.

Tanto el arrepentimiento como la culpa y la preocupación se manejan en tiempos diferentes a tu momento presente, que es el único en que puedes arreglar, mejorar y transformar cualquier acontecimiento que no te guste para que no resulte igual que en el pasado.

En vez de arrepentirte, flagelarte (llamando la atención con el «pobrecito yo») y sentirte mal, busca razones creativas y poderosas para poder transformar ese acontecimiento que enfrentaste en el pasado.

La única manera de transformar el pasado es reconociendo un camino diferente en tu momento presente en el que haya un entendimiento —no culpa— de un nuevo procedimiento, de modo que no vuelvas a caer ni a tropezar con la misma piedra una y otra vez. Sin embargo, esto no se logra a través del arrepentimiento ni la culpabilidad. Además, lo interesante de crear nuevas razones poderosas es que también le das un significado diferente a eso que sucedió, un significado que te empodera.

¿Recuerdas la película *Volver al futuro*? Esta contiene un mensaje muy poderoso sobre la línea del tiempo de la Programación Neurolingüística. La trama de la película transcurre en el año 1985, cuando el Dr. Brown (Doc) inventa una máquina del tiempo. Por cuestiones de la trama, el personaje

Marty, interpretado por Michael J. Fox, es enviado al año 1955, donde tienen lugar una serie de acontecimientos que podrían cambiar el futuro (el presente de los personajes) para siempre si no se arreglan. Esto no sucede, ya que Marty vuelve a 1985 sin alterar la historia. El Dr. Brown decide entonces ir al futuro, al año 2015, llevándose a Marty con él. En el futuro, el villano de la película, Biff, se roba la máquina del tiempo, viaja al año 1955, y se entrega a sí mismo (más joven en esa época) un almanaque de deportes que predice todos los eventos deportivos más importantes. Al darle esta herramienta el viejo Biff le comenta al joven Biff que tiene en sus manos la llave para convertirse en millonario. El viejo Biff vuelve al futuro y deja la máquina del tiempo.

Ahora viene lo interesante de la película. Cuando Doc y Marty se montan en la máquina del tiempo para regresar al año 1985, se dan cuenta de que todo es diferente, ya que es el año 1985 paralelo, pues se creó una línea del tiempo diferente a la que ellos estaban recorriendo. Esto se debe a que el joven Biff usó el conocimiento hallado en el libro para transformar radicalmente su futuro, creando de esta manera una línea del tiempo paralela en la que todo tiene un significado diferente. La única manera de solucionar eso es volviendo de nuevo al año 1955 y encontrando el momento justo cuando el viejo Biff le entrega al joven Biff el libro, y entonces destruirlo. ¿Cuál es la moraleja de esta trama de la película que les conté? Que tú puedes, de esa misma manera, cambiar cualquier presente y futuro limitador si cambias el *significado* que un suceso tuvo en tu vida en el pasado.

Al cambiar o transformar el significado, de inmediato todos los acontecimientos que se crearon después de esa limitación en el pasado dejarán de existir, no tendrán el mismo efecto en ti. Si tienes una fobia o miedo creado en el pasado que todavía te limita, es simplemente por un mal uso de tus recursos, ya que solo tienes que darle un significado diferente a ese suceso que tuvo lugar. Al representarlo en tu mente de una manera diferente, no tendrá el mismo efecto limitador para ti en el día de hoy y mucho menos en el futuro.

Este ejercicio lo he hecho con la muerte física de mi padre. El significado que le doy hoy es que él sigue conmigo en todo momento y que esté donde esté quiero hacer que se sienta orgulloso de mí. Lo he hecho con relaciones de pareja pasadas, en las que de una u otra forma la inmadurez provocó terminar de una manera abrupta. Visualizo y perdono el suceso entendiendo que tanto yo como la otra persona hicimos todo lo posible con el conocimiento que teníamos en ese momento; la veo sonriendo, le doy un abrazo y me voy de la escena, como resultado ese sabor incómodo desaparece y siento paz. Este procedimiento lo he empleado en la consejería a mis clientes con resultados maravillosos, ya que inmediatamente sienten un alivio, como si una carga pesada no estuviera más sobre sus hombros.

No cargo con un pasado que limite mi presente y, por ende, mi futuro. Sé muy bien que tengo el poder de ser recursivo, de entender y sacar provecho de la situación. He decidido no ser más esclavo de un pasado cuyos acontecimientos no puedo cambiar, pero sí asumo el reto de transformar el significado que los mismos tuvieron, y de esa forma controlo los resultados en mi presente y mi futuro. ¿Sabías que si tienes una pesadilla o un sueño que no te gusta lo puedes cambiar? ¡Claro que sí! Eres quien dirige, así que después de que te despiertas puedes volver a ese sueño sin necesidad de dormirte debido a que te acuerdas de él porque tu cerebro estaba en un estado de consciencia «alfa», de modo que puedes cambiar lo que no te gusta y tener el final feliz que estabas deseando. Tú eres capaz de generar el sueño que quieras en vez de estar a merced de una pesadilla que al final es creada por ti.

Cambia tu pasado cambiando el significado del mismo. Podemos ejemplificarlo por medio de un hilo de nailon (línea del tiempo) en el que se van ensartando perlas (acontecimientos). Si en el nylon se crea un nudo (acontecimiento negativo) no necesito ir perla tras perla (un acontecimiento tras otro) cambiando el significado, yo solo necesito ir a donde se hizo el nudo (el suceso limitador o negativo) y cortar el nylon; de esa manera, todas las perlas caerán, ya que al desaparecer el origen, el final igualmente desaparece (al quitar la causa se elimina el efecto). Lo que une las perlas es el nylon, así que lo que hace que sea un collar de perlas es justamente eso, el hilo que las une, la línea del tiempo.

El otro sentimiento inútil (todo es inútil hasta que se le da un fin, entonces pasa a ser aprendizaje) es la preocupación. Al preocuparte te estás adelantando al acontecimiento que no ha sucedido aún. No quiero decir con esto que la prevención no sea válida, lo que quiero dar a entender es que por más que te preocupes, el suceso que está por venir no cambiará. En realidad, la preocupación nublará tu mente con pensamientos que no serán proactivos en búsqueda de soluciones, sino todo lo contrario. Quiero establecer una diferencia aquí, preocuparte es la acción de inmovilizarte ante el posible acontecimiento que se presente en el futuro, mientras que la anticipación es el sentimiento que te lleva proactivamente a proyectarte en el futuro a fin de aprovechar posibles oportunidades. Los líderes anticipan, los perdedores reaccionan, y ya cuando eso pasa es tarde.

Como expliqué anteriormente, en Programación Neurolingüística se trabaja mucho con una herramienta llamada «la línea del tiempo», que obviamente también abarca los acontecimientos futuros que no han sucedido todavía. Ahora bien, como no han sucedido aún, no son reales, y como no son reales, no existen, pues lo único que existe es la realidad. Recuerda que la mente no reconoce entre lo que es una realidad en la actualidad y lo que es una realidad creada por ti ante un acontecimiento futuro. Mientras algo no esté en la mano, no es real; además, eso te va a enseñar a eliminar esa costumbre que tenemos los seres humanos, esa especie de enfermedad que yo llamo la «proyectología», la cual no es más que aquella técnica que muchas veces utilizamos cuando afirmamos que estamos llenos de proyectos.

¿Recuerdas que ya hablamos de que es preferible que los hechos, los resultados, hablen más que tu voz? Muchas veces nos llenamos de miles de proyectos, tenemos veinte proyectos por hacer y no consumamos ninguno, porque vivimos manifestándonos con respecto al futuro, hablando de lo que vamos a hacer el día de mañana, pero no sucede nada. Tenemos que de una manera u otra encontrar nuestro *nicho*, y de esa forma enfocarnos plenamente en lo queremos hacer.

Vivimos sumidos en esa enfermedad, un proyecto por aquí, un proyecto por allá, pero quiero decirte algo: hasta que tú no tengas la realidad en tu mano, no ha sucedido nada; puedes visualizar muchas veces, puedes orar constantemente, puedes pedir todo el tiempo, pero hasta que no logres que el asunto en cuestión se haya materializado en tu momento presente, no has hecho nada. Como dice un refrán muy latinoamericano: «Los deseos no preñan» o «Las mujeres no se embarazan con intenciones, sino con acciones». El arte de concebir implica el nacimiento de un niño, que en este caso, como dijo Indira Gandhi, constituye «la realidad».

Entonces, por más que te preocupes por los acontecimientos que van a suceder en el futuro, no vas a resolver nada, sino solo vas a perder un tiempo valioso para poder cambiar ese futuro inminente que llegará a tu vida, que está ahí próximo.

Si vives con poder en tu momento presente, puedes cambiar tu destino. Recuerda que tu vida es como un cuaderno en blanco que vas llenando todo el tiempo a través de tus acciones diarias. Un pensamiento unido a una acción se convierte en una realidad porque genera un resultado. Con solo pensar no sucede nada, tienes que pensar y actuar de acuerdo a ese pensamiento, enfocándote en la meta clara y específica que tengas.

Entonces, a partir de hoy, te invito a que vivas sin culpa. Olvídate de esa palabra que lo único que hace es mutilar tu pasado y anular tu capacidad presente para salir y transformar tu vida. Y olvídate también de la palabra preocupación, porque antes de ocuparte te estás preocupando, antes de ocuparte estás pensando en algo que no va a ser, que no tiene certeza. Has vivido situaciones feas que luego nunca han ocurrido, pero tu mente las ha recreado de una forma tal que has vivido la experiencia plenamente debido a que no has discernido, no has sabido diferenciar que se trata de una creación de tu mente, no de la realidad.

Vive a través de la realidad, concreta tus proyectos, determina tus sueños, materializa las cosas que quieres en tu vida y deja de culparte y preocuparte, porque esos dos sentimientos no te llevan a nada positivo, sino a cosas que te hacen perder el tiempo. Y como dijimos en el capítulo anterior, el tiempo es esa emoción que nos hace sentir eternamente agradecidos o insatisfechos, pues depende de ti, de tu poder de decisión o determinación.

Entonces, ¿qué es lo que vas a hacer? ¿Vas a sentirte culpable, vas a seguir preocupándote o señalando a los demás, o responsabilizando a las circunstancias que están a tu alrededor por lo que sucede en tu vida? Fíjate en lo siguiente, cuando naciste posiblemente tu cuerpo cabía entre dos manos, eras muy pequeño, pero llegaste al mundo con todo lo necesario para salir adelante. De repente y en algún instante tu vida cambió, en algunas ocasiones tomaste decisiones equivocadas, en algún momento la gente te señalaba, y entonces para evitar eso quizás hacías lo que esas personas te decían, no lo que tú querías. Muchas veces malgastaste el tiempo en averiguar y enterarte de la vida de todo el mundo, pero no te ocupaste de tu vida; conoces más de la gente que está a tu alrededor que de ti mismo, sabes más de lo que las otras personas deberían hacer con sus vidas que de lo que tú estás haciendo con la tuya, y te has convertido en alguien que se la pasa dando consejos en lugar de arreglar y modificar tu vida. Y cuando las cosas se te han puesto difíciles, te has escondido en una tremenda sombra, haz buscado protegerte, evitar los conflictos y guardar la basura debajo de la alfombra, como se suele decir.

Hay una escena que me encanta de la película *Rocky*. En ella él le dice a su hijo que le va a contar algo que realmente ya sabe: «El mundo no es todo el tiempo un arco iris con momentos bonitos, la vida es muy dura con nosotros, y esa dureza va a pegarte hasta que te inclines y te arrodilles. Por más duro y fuerte que seas en tu vida, por más fortaleza que tengas, pues terminarás doblegado de alguna manera». Y ahora viene la enseñanza, que es lo que me gusta, él dice como una verdad de vida: «No se trata del hecho de que te caigas, lo importante es cuántas veces te levantas pese a esos golpes que la vida te da, sin sentirte culpable, sin culpar, sin preocuparte, actuando, generando la grandeza que está dentro de ti, creando ese ser perfecto completo y entero, creando nuevos caminos con fortaleza y seguridad. Pase lo que pase, así te hayas sentido doblegado o golpeado por la vida, por un golpe que no esperabas, levántate, levántate, levántate, esa es la única orden que tienes y cada vez que te caigas, levántate, es lo único que tienes que hacer. No es el hecho de esquivar los golpes, es el hecho de recibirlos y levantarte, porque mientras más golpes recibas, más fuerte te haces, pero mientras más los esquives, no sabrás realmente si los puedes soportar. Los triunfadores están hechos de eso, de recibir golpes, caerse y volverse a levantar». Como dice la fórmula del éxito: si te caes siete veces, te levantas ocho.

Así que deja de culpar, deja de preocuparte, deja de señalar, deja de arreglarles la vida a los demás y empieza a transformar tu vida. Y en caso de que quieras transformar la vida de otros, que sea a través de tu propia luz, tus acciones y tus resultados, que estos hablan mil veces más fuerte que tus palabras. Se trata de resultados, no de palabras. Sin embargo, para lograr esa fuerza tienes que creer en ti, lo cual veremos en el próximo capítulo.

CAPÍTULO 22

La confianza

«NADIE QUE CONFÍA EN SÍ MISMO ENVIDIA LA VIRTUD DEL OTRO».

—MARCO TULIO CICERÓN

¿Cómo confiar en uno mismo? ¿Cómo elevar la autoestima? Este capítulo lo vamos a dividir en dos partes: primero vamos a hablar de la autoestima y después vamos a hablar de algo que yo uso mucho en mis seminarios y llamo «el ventilador de motivación», para que así puedas aumentar tu confianza en ti mismo.

La *autoestima* es el sentido valorativo que tienes sobre ti mismo, es como tú te ves. Ahora bien, a diferencia de otras personas, y sobre todo de otros motivadores, yo no creo que exista una autoestima alta o baja, porque (aunque te dé risa) no existe un «autoestimómetro» que pueda medir realmente tu autoestima. Tu autoestima está definida por la forma en que te quieres ver. Por ejemplo, si a ti tener una autoestima baja te produce un resultado positivo y proactivo para conseguir algo en tu vida, pues vas a hacer uso de ella, ya que no estás midiéndote en ese hipotético aparato, sino simplemente usando estrategias que te permiten conseguir lo que quieres en ese momento (o evitar algo que no deseas). En fin, no podemos medir la autoestima ni juzgar a los demás diciendo que la tienen alta o baja, porque como te dije antes, no existe tal aparato que pueda medir ese proceso.

Obviamente, la autoestima puede definirse a través de los resultados que estás obteniendo en tu vida. Podría decirse que se han establecido de forma general dos bloques de personas. Por ejemplo, aquellos que según se dice tienen autoestima alta, son personas que toman decisiones rápidamente, que les cuesta mucho cambiarlas, son alegres, de buen humor, actúan, no critican a los demás, habitualmente tienen éxito, se alimentan bien y se reúnen con gente proactiva.

Por el contrario, suele decirse que una persona tiene una autoestima baja cuando es indecisa y no se quiere, le cuesta tomar decisiones, tiene mal carácter, critica siempre y se queja de todo a su alrededor. Ahora bien, hay personas que al hacer eso o actuar de determinada forma consiguen la atención de los demás. ¿Te das cuenta? Todo tiene una estrategia.

Se trata de rasgos comunes que se han agrupado para establecer una categoría general, como sucede con los horóscopos que aparecen en el periódico, los cuales agrupan a las personas que han nacido en determinadas fechas bajo un mismo signo zodiacal y les atribuyen características similares. Esto no es real, es una tontería, es falso, porque nosotros no podemos encasillar a la gente por la opinión general de una persona que escribe algo, pues todos somos creados de una manera diferente. Yo creo en la ciencia de la astrología y tengo grandes amigos que son estudiosos de la astrología, pero eso es otro tema.

Luego de haber hablado sobre la autoestima y lo que significa para mí esa palabra, ahora consideraremos cómo podemos desarrollar ese sentido valorativo de nosotros mismos. Tienes que vivir de una manera extraordinaria pase lo que pase a tu alrededor, demostrando fortaleza, y una meta clara es la única manera de salir adelante.

Imagina un ventilador de piso con cuatro aspas:

- **El aspa norte** representa tu potencial, eso con lo que naces. Tienes un potencial ilimitado, aunque no lo uses (libre albedrío).

- **El aspa oeste** representa la acción, que incluye todos tus actos.

- **El aspa sur** representa los resultados, porque luego de una acción vienen los resultados. Esto es una ley universal, cada acción genera una reacción (resultado).

- **El aspa este** representa las creencias, la sensación de certeza sobre algo que aún no ha sucedido.

Entonces, supongamos que conectamos este ventilador a la energía infinita del universo y empieza a moverse: si tu potencial es pobre, tus acciones también lo serán, y si tus acciones son pobres, no puedes esperar resultados extraordinarios.

Fíjate en esto qué interesante. Generalmente formamos nuestras creencias a partir de los resultados, así que si no tenemos buenos resultados, nuestras creencias nos hacen sentir inferiores: «Yo no sirvo para esto», «No hago las cosas bien», «Esto no es para mí», «No me merezco algo así». Y esto resulta mucho peor cuando el ventilador llega a la parte del potencial, porque entonces piensas que tu potencial es limitado, muerto, pequeño, paupérrimo, que no tienes potencial y eres como una vela con el amarre suelto en un barco sin dirección fija, a merced solo de lo que el viento (la vida) decida. Si el viento sopla hacia la derecha, para allá irá el barco; si sopla hacia la izquierda, se dirigirá en esa dirección, y si no sopla en absoluto, simplemente se quedará estático y sin rumbo. A la larga, ese barco encallará, pues se mueve sin control.

Vamos a ver ahora el lado contrario. Si tu potencial es ilimitado y así lo reconoces, tus acciones van a ser lo mejor que puedas, ilimitadas, contundentes, obteniendo posiblemente los resultados esperados, y si no obtienes los resultados esperados, no importa, los descartas, aprendes de esa experiencia y sigues adelante. Ahora bien, ese resultado esperado o no va a alimentar tu creencia, pero como tu creencia es sólida —establecida a través de tu potencial, tus acciones y tus resultados— vas a sentirte bien y a afirmar: «Estoy haciendo lo que amo», «Estoy haciendo lo que me gusta», «Tengo éxito en lo que hago», y esa creencia a su vez va a desarrollar tu potencial haciéndote creer que eres una persona poderosa, imparable, completa e ilimitada.

¿Cómo hago para recibir esa energía infinita, esa energía del universo? Es muy fácil, a través de la repetición constante de frases que te proporcionen poder interior. (Soy autor de un libro y audiolibro que se llama *Afirmaciones para tu poder interior*, el cual está disponible en www.vicentepassariello. com.) Si repites afirmaciones a diario, constantemente, estás condicionando a tu cerebro para que se genere un hábito en ti y te recuerde lo que realmente eres.

Si por ejemplo repites: «Soy poderoso», «Soy exitoso», pase lo que pase, cuando a la larga la vida te dé un golpe y te doblegue, te vas a parar de inmediato, porque tu creencia es que eres una persona poderosa.

Repite afirmaciones como estas todo el día.

- El poder está dentro de mí ahora.

- Todo lo que necesito está en mí ahora.

- Veo oportunidades de éxito a mi alrededor.

- Descubro posibilidades que ayudan a mi crecimiento espiritual.

- Soy un ser abundante.

- Mi salud mejora cada día más.

- Me enfoco en la proactividad de mi vida.

- Soy un luchador incansable.

- Persisto, persisto, persisto.

- Alcanzo mis objetivos de manera feliz.

- La felicidad está en mí.

- Encuentro felicidad en todas las situaciones de mi vida.

- Soy poderoso.

- Soy exitoso.

- Estoy sano.

Repite estas afirmaciones. Al principio, escríbelas si quieres adaptadas a tu vida y lleva contigo el papel para declararlas constantemente. Luego empieza a ver realmente que las cosas van a ser transformadas en tu vida, levantándote ante cualquier circunstancia y obteniendo ese poder interno, porque al estarlo repitiendo te estás condicionando a eso.

Hay algo muy importante que aprendí con el Dr. Richard Bandler, el cocreador de PNL y mi profesor. Él afirma que hay una gran diferencia entre la persona que no es fumadora y la persona que no quiere fumar. La persona que no es fumadora, como no lo es (recuerda: ser, hacer y tener), por más que le pongas un cigarro enfrente no lo va a agarrar, porque no le interesa. Sin embargo, la persona fumadora sí tiene la tentación de fumar, pero no lo hace por alguna razón (su salud o porque tiene una meta clara).

Cuando repitas las afirmaciones de poder (porque seguramente has repetido afirmaciones contrarias durante muchos años de tu vida), cuando cambies ese *chip* de tu cerebro, vas a empezar a experimentar acontecimientos diferentes en tu vida. La repetición es la madre de la habilidad y la destreza, así como de la permanencia; por lo tanto, repite lo que quieres ver en tu vida, no lo que quieres evitar; repite a dónde te quieres dirigir, no de qué quieres huir; repite lo que quieres manifestar en tu vida y a la larga eso va a llegar a ella.

En el próximo capítulo vamos a considerar lo que es el acondicionamiento humano, por qué es tan importante y cómo hemos sido acondicionados por los medios, la publicidad y muchas cosas sin darnos cuenta, lo cual hace que busquemos y compremos ciertos productos que ni siquiera necesitamos, o que muchas veces repitamos el mismo patrón a la hora de encontrar pareja, o en nuestro trabajo, aunque no nos sintamos bien.

CAPÍTULO 23

Creencias globales

«Siempre parece imposible, hasta que se logra».

—Nelson Mandela

En este capítulo hablaremos sobre las creencias globales, el neurocondicionamiento. Fíjate qué interesante es la frase anterior de Marianne Williamson, quien también decía que no es realmente a la oscuridad a lo que le tememos, sino a la luz inmensa que llevamos dentro.[1]

Antes de 1954, se pensaba que era absolutamente imposible correr una milla en cuatro minutos. Y como era un imposible, pues nadie lo intentaba, hasta que en 1954 un atleta inglés llamado Roger Bannister logró correr una milla en menos de cuatro minutos. Una vez que él le demostró al mundo entero que sí se podía, entonces las creencias globales de las personas fueron cambiando, y tanto fue así como después de ese momento más de veinte mil personas han corrido la milla en menos de cuatro minutos. Incluso adolescentes y estudiantes lo lograron. Esto indica que las creencias globales son las que muchas veces nos impiden intentar las cosas. Recuerda que aquello que ni siquiera intentas realizar obviamente tiene un 100 % de probabilidad de fallar.

Esas creencias globales muchas veces le ponen un techo a tu imaginación y tus sueños. Te puedo poner como ejemplo a Henry Ford con su famoso motor V8, al ya mencionado

1. Marianne Williamson, *A Return To Love: Reflections on the Principles of A Course in Miracles* (New York, HarperCollins, 1992), pp. 190-191.

Thomas Alva Edison con la bombilla incandescente, o a los hermanos Wright que volaron por primera vez en la historia. El mundo pensaba que era imposible lograr esas cosas; sin embargo, ellos lo consiguieron después de varios intentos. Y lo interesante es que una vez que una persona rompe ese imposible y lo convierte en posible, impulsa a otros a intentarlo también.

Si en tu vida hay ciertos imposibles, y estos son reales para ti, no vas a lograr tus sueños. El dolor del fracaso puede durarte un segundo, un minuto, una hora, un día, un mes o un año, pero con el tiempo pasará y será sustituido por algo diferente en tu vida. No obstante, si tiras la toalla en lo que respecta a tus sueños, si te desvías de tu misión y no la cumples, ese dolor durará toda tu vida. Así que es preferible enfrentarte a las circunstancias y acostumbrarte a fallar, porque no todo el tiempo vas a acertar, aunque lo importante es que no tengas miedo de tomar decisiones. Tienes que seguir adelante en todo momento hasta que al fin logres conseguir tu meta.

Como comenté antes, Michael Jordan fue expulsado del equipo de básquetbol a los catorce años y se fue a su cuarto a llorar; sin embargo, lo intentó de nuevo y fíjate en lo que se convirtió, en uno de los mejores del mundo, si no en el mejor de su época. Y él logró alcanzar el éxito no solo como deportista, sino también en el ámbito económico, ya que según la revista Forbes se convirtió en billonario en el año 2015.

Así que todo depende de si eso que estás viviendo para ti es una limitación o un hecho posible. Como dijera Henry Ford, si piensas que no puedes hacer algo, estás en lo correcto, y si piensas que sí puedes hacerlo, también estás en lo correcto, porque el hecho de que puedas o no llevarlo a cabo no depende de lo que está fuera de ti, sino de la decisión que tomes en el momento de enfrentarte a ello. Tony Robbins dice que, si tú estás comprometido con el éxito, con lo que quieres hacer, a la larga lo lograrás y alcanzarás eso que quieras obtener.

En el año 2013, Diana Nyad nadó desde Cuba hasta los cayos de Florida sin la jaula de protección contra tiburones. Esta mujer de sesenta y cuatro años finalmente logró su hazaña luego de cuatro intentos fallidos. Entonces, tú te preguntas: ¿Por qué una persona se arriesga a ser comida por los tiburones o a morir ahogada debido al cansancio luego de nadar cincuenta y tres horas? ¿Qué hace que esta mujer de sesenta y cuatro años logre ese desafío? Pues sencillamente ella pensó que esa meta era posible y de hecho lo logró.

En 1962, cuando Kennedy le hablaba al mundo en plena carrera por la conquista del espacio, estableció una meta y dijo que en menos de diez años Estados Unidos llegaría a la luna, lo cual se hizo realidad. Muchas personas pensaban que era imposible. En verdad, aun en el siglo veintiuno mucha gente piensa que fue una película creada por Hollywood. El hecho es que ese «imposible» se pudo lograr.

Ten en mente que aquellas creencias globales que son limitadoras o reducen tu potencial van a influenciar y restringir tu vida. Recuerda que somos seres ilimitados y que la imposibilidad realmente se encuentra en nuestra mente, de modo que la manera de romper con esas imposibilidades es buscando a diario metas cada vez más altas, para que puedas de alguna manera desarrollarte y convertirlas en realidad.

Tengo una fórmula que represento como «DAR FE» y que quiero compartir contigo en este libro. Simboliza la manera en que te invito a que vivas tu vida a partir del día de hoy. Cada una de las letras tiene un significado importante. La letra D, por ejemplo, denota la Determinación con la que tienes que vivir a partir de hoy en cuanto a lograr el éxito, alcanzar tus metas y convertirte en la persona que deseas ser. La letra A representa la Actitud positiva, llena de fuerza, proactiva. La R significa toda la Responsabilidad que vas a comenzar a asumir en tu vida por todos los acontecimientos que sucedan. La F indica la Fe ilimitada con la que vas a vivir de ahora en adelante y, por supuesto, la E indica toda la Energía del mundo que tienes que emplear para que puedas convertir esas metas en realidad. Así que analicemos con más detalle cada una de estas letras y lo que representan.

La *determinación* es la decisión unida a la acción. Cuando estás realmente determinado a algo, lo haces. Te hago la siguiente pregunta: ¿Cuántas veces has decidido rebajar, o terminar con esa relación tóxica, o dejar ese empleo que no te hace feliz? ¿Cuántas decisiones tomas acerca de tantas cosas y resulta que no pasa nada? ¿Sabes por qué? Porque la decisión sin una acción es solo un pensamiento. Por eso hablo de la determinación (decisión + acción). Cuando estás determinado a hacer algo, lo haces; decides hacerlo e inmediatamente actúas en pro de eso que deseas, porque generalmente si no es así ese ímpetu se pierde con el tiempo y terminas igual que antes.

Ahora bien, esto es lo interesante del asunto, como nuestro cerebro está diseñado para que seamos gobernados por patrones mentales, cada vez que tomas una decisión y no actúas con respecto a ella, fortaleces ese patrón de no hacerlo, el cual se va convirtiendo lentamente en un hábito que define tu personalidad. Es como si la mente dijera: «Aquí viene de nuevo el que habla y no hace, así que no le daremos importancia a lo que va a decir, porque no lo va a hacer». Y en tu cabeza el patrón de no cumplir tus decisiones se fortalece.

Recuerdo que una vez mi papá me comentó que en la década de 1940 escribir con la mano izquierda era considerado diabólico (otra más de las tonterías que provocan las creencias limitadoras, muchas veces usadas para controlar a las masas). El hecho es que para que aprendiera a escribir con la derecha, le amarraron la mano izquierda al cuerpo cada vez que iba a la escuela, y de esa forma empezó a desarrollar una nueva habilidad y destreza con la mano derecha. Le costó tiempo y esfuerzo, pero al final se «convirtió» en derecho. Eso mismo tienes que hacer con tu mente, «amarrar» tu falta de ejecución de las decisiones que tomas y empezar a cumplir aquello que decides por medio de la determinación. Una vez que estés determinado a hacer algo y no obtengas el resultado que quieres, debes entonces usar un valor extraordinario, tu aptitud.

En este punto aprovechemos para repasar lo que hemos hablado de la aptitud y la actitud. Comenzaré diciendo que la *aptitud* (del latín *aptus*, que significa «capaz de») es la manera como tú ves los sucesos en tu vida, es la forma en que interpretas aquello que está pasando, es tu manejo de tu psicología, por eso eres «capaz». La actitud es muy importante también, pero esta define el comportamiento que tienes para manejar tu vida, cómo actúas ante los estímulos internos y externos que recibes. Muchas veces la aptitud es más recursiva que la actitud, ya que puedes hacer algo de muchas formas, modificar tu comportamiento, y todavía no puedes cambiar el resultado. Por ejemplo, hiciste todo lo posible para salvar a alguien de la muerte, actuaste de mil maneras, pero el resultado final es que esa persona no está más físicamente, entonces es en ese momento que tu aptitud (tu capacidad) verá las cosas o el suceso de otra manera, entendiendo el resultado y aceptando la realidad del hecho. Esta persona no se salvó, pero tengo la capacidad de entender que hice el máximo esfuerzo; comprendo que, aunque no esté a mi lado físicamente su esencia y sus recuerdos estarán en mi mente y mi corazón.

Ese es el valor de la aptitud —que depende de tu capacidad y no de tu habilidad (comportamiento)— para poder tomar el poder en tu vida siempre, aunque el resultado que estés obteniendo sea contradictorio a lo que buscas. Por cierto, aprovecho para decirte que debes entender que no puedes luchar en contra de la realidad de algo; solo es posible cambiar en tu mente esa realidad dándole un significado diferente, ya que luchar contra ella produce sufrimiento y el sufrimiento es la herramienta del ego.

Desarrolla tu aptitud dándole siempre un significado empoderado a los acontecimientos que tienen lugar en tu vida, y ya sabes, si no puedes conseguir lo que quieres cambiando tu actitud, entonces usa ese poder interno para que manejes y desarrolles la aptitud en tu vida. Cuando entiendes lo que sucede en tu vida y asumes la responsabilidad total, el conflicto y la victimización se acaban.

La *responsabilidad* es la respuesta hábil, implica responder con habilidad. Eso es lo que significa esta palabra a la que mucha gente le tiene miedo y por ende no la acepta, sino le huye y deja que el problema crezca más y más. Déjame decirte algo, tú crees que aquello que no enfrentas y evades se va de tu vida, pero te tengo malas noticias, no solo se queda y te persigue... ¡sino que crece! Hay un dicho que dice: «Mata al monstruo cuando es pequeño y no cuando se convierta en Gozilla y acabe con toda la ciudad». En pocas palabras, asume la responsabilidad de tu vida en todo momento y avanza a solucionar las situaciones difíciles. Es mejor asumir la responsabilidad con respecto a problemas pequeños que grandes.

Responder con habilidad es la manera de establecer un compromiso y tomar el control de tu vida, ya que criticar y señalar a otros al final no te da el resultado que buscas. Solo un pequeño recordatorio más, ya que este tema lo profundizamos en capítulos anteriores: al ser responsable de todo, entonces la fe se expande y te da la sensación de fortaleza y seguridad.

La *fe* es la «sensación» de certeza en cuanto a algo que no ha sucedido aún, es la seguridad en el *presente* sobre un evento *futuro*. Cuando se habla de personas de poca fe, nos referimos a personas que no tienen seguridad o certeza de que algo se pueda conseguir o suceda en el futuro; que tienen dudas en su capacidad, habilidad o creencias. No obstante, si la fe tiene que ver contigo y tu seguridad, ¿por qué tenemos muchas veces carencias, sobre todo en medio de lo incierto? ¿Por qué tenemos miedo de lo fortuito y creemos que somos seres de poca fe? Pues te tengo una respuesta que no te va a gustar, la única manera de crecer es en medio de la incertidumbre, no en la zona de confort. De hecho, lo único que genera felicidad plena en tu vida es el progreso, no el cambio, y el progreso se consigue saliendo de esa zona de confort (falta de fe), o sea, la fe se *desarrolla*.

Tener fe en ti se consigue a través de la autosugestión. Eso es lo que te da la seguridad de que conseguirás lo que quieres, y si no la tienes en ese momento, pues seguirás insistiendo hasta conseguirlo. Un hombre de fe es aquel que confía en sí mismo, en su capacidad de seguir adelante, confía en la vida, en que no importa el resultado externo, así que seguirá actuando constante en pro de su objetivo. Si vives en la espera o la expectativa, entonces estás dando comienzo a la desilusión o la frustración, ya que las expectativas están fundadas en una alucinación de tu mente, no basadas en la realidad. Debes transformar las expectativas en acciones y aceptar la realidad como la verdad absoluta.

Déjame decirte algo que te gustará mucho, la fe es creada por un pensamiento dirigido, mientras que el miedo es resultado de un pensamiento mal dirigido o sin dirección en lo absoluto. Ambos pensamientos son fruto de nuestra imaginación, pero el hecho de dirigir eso que imaginas te da fortaleza. Si lo analizas con detenimiento te darás cuenta de que es así; cuando estás seguro de lo que quieres, tienes fe.

No esperes a recibir algo de afuera, trabaja desde adentro. La gente muestra en la «calle» lo que practica constantemente en la «casa»; en pocas palabras, eres tu pensamiento dominante y lo que haces repetidas veces. Lo hermoso de la fe es que se basa en el qué y no en el cómo, es decir, en qué quieres en tu vida, y el cómo vendrá mientras vayas avanzando por ese camino. Hay una frase que me encanta que dice que Dios nunca pondrá sobre tus hombros algo que no puedas soportar. Adelante, camina con esa fe, tienes un don, descúbrelo y ten el coraje de hacerlo realidad con tu fe hoy de que lo lograrás en el futuro.

Por último, queda la *energía*, que simplemente representa la capacidad de generar movimiento. Todo está en constante dinamismo y la base de todo es la energía. Sabemos a través de los microscopios que la materia en su unidad básica está formada por átomos, que a su vez están compuestos de neutrones y protones, los cuales se encuentran en constante movimiento. Fíjate en lo siguiente: en la vida no hay líneas rectas, o estás creciendo o estás muriendo. Si a una persona le realizan un electrocardiograma, sabemos que el corazón está funcionando cuando indica altas y bajas, cuando el indicador sube y baja, pues si muestra una línea recta, *no hay vida*.

Debes desarrollar diariamente tu energía. ¿Sabes cómo? Generando resistencia, asumiendo retos mayores, expandiendo tu vida. La energía es tu fuente de vida, desarróllala, deja de ser sedentario, ya que lo que verdaderamente mata es la inmovilidad. ¡Muévete! Hace algunos años una señora en consulta me comentó que no sabía qué hacer para bajar de peso y que lo había intentado todo, dietas, pastillas y muchas cosas más. Recuerdo que la miré a los ojos, le sonreí y le dije en voz baja: «Señora, yo sé qué necesita hacer para bajar de peso». Ella incrédula me dijo: «¿Qué será?». Le pregunté: «¿De verdad quiere saberlo?». Me dio una respuesta contundente: «Por supuesto». Yo repliqué: «¿Está segura?», y al ver que asentía me le acerqué más, le sonreí y le dije: «¡Mueva ese trasero gigante que tiene!». Después de escucharme la señora me miró con ojos desorbitados, entonces me alejé un poco de ella, sonreí de nuevo y en tono muy bajo le dije: «Usted necesita moverse y activar su sistema linfático por medio del ejercicio, y mover algo más que los dedos cuando escribe por el celular».

Así que ya sabes, y ahora me dirijo a ti: muévete, que la vida es eso, movimiento y energía, créeme que en la eternidad tendrás mucho tiempo para descansar y estar inmóvil. Por lo tanto, es tiempo de transformar esas creencias personales, y en realidad, ¿qué es una creencia personal? Son tus reglas.

CAPÍTULO 24

Las reglas

«APRÉNDETE LAS REGLAS, ASÍ SABRÁS
CÓMO ROMPERLAS APROPIADAMENTE».
—DALAI LAMA

Una regla, palabra que viene del latín *regula*, tiene que ver exclusivamente con tus creencias o las de un grupo de personas en cuanto a «controlar» algo. En el caso de tus creencias internas, por ejemplo, tu regla es: «Si esto sucede en mi vida, entonces...» (y especificas lo que haces). De esta forma, eres capaz de manejar tu vida. Voy a darte un ejemplo para que puedas observar esto de una manera diferente. Una niña se cría en un hogar donde las reglas dicen que nunca se debe subir la voz, que gritar es de mala educación y que no representa en ningún momento amor. Por el contrario, gritar es una muestra de falta de amor y rudeza, así que ella nunca debe aceptar que una persona por ninguna razón le levante la voz. Esta niña crece con esas reglas. Al llegar a su edad adulta, conoce a un joven italiano de Sicilia. Este chico fue criado con gritos de parte de sus padres, que lo aman profundamente. Su padre le gritaba siempre a su mamá por cualquier cosa, y un almuerzo en familia era como estar en un campo de fútbol con todos hablando y gritando al mismo tiempo. En la familia, gritar era algo cotidiano, algo normal. Tanto la chica como el joven deciden hacer una vida juntos, ¿qué crees que pasará después del primer grito de su esposo? ¿Qué sentirá ella? ¿Qué representará ese grito para la joven? ¿Estará en riesgo la relación?

¿Pensarán que son incompatibles? ¿Qué pensará el joven con respecto a su esposa? ¿La entenderá? Ese es el poder de las reglas en tu vida, marcan una dirección, un camino, determinan tu vida.

Arnold Schwarzenegger piensa que debes romper las reglas, ya que no son eternas, mientras que las leyes universales sí. No obtendrás un resultado favorable si vas en contra de las leyes universales. Romper las reglas te hace crecer, crear, ser flexible y diferente. Tus reglas o «rituales» de vida son lo que te ha mantenido donde estás en este momento. Si quieres mejorar o transformar tu vida, *debes* cambiar o transformar tus rituales o reglas.

Si eres una persona cuyas reglas dicen que tienes que hacer ejercicio todos los días o por lo menos seis días a la semana para estar saludable, *entonces* lo estarás. Recuerda que el procedimiento es: «Si esto sucede, entonces...». Si tus reglas dicen que debes ahorrar como mínimo el 10 % de tus ingresos y reinvertirlo en alguna herramienta financiera, entonces harás todo lo posible para ni siquiera mirar el dinero que entra en tu cuenta. Sin embargo, debes romper con las reglas establecidas en tu vida que no son buenas para ti. Y dependiendo de tus rituales o reglas se podrá determinar como estás tanto física, metal, espiritual y económicamente.

¿Cómo se rompe una regla o un ritual? Te voy a mencionar tres pasos que funcionaron en mi vida y que me dan la oportunidad de no «atarme» a las cosas:

1. **Debes decidir** ahora que todo tiene que cambiar y que va a hacerlo ya.

2. **Debes visualizar** por unos instantes a largo plazo qué pasaría si no respetaras esa decisión. Debes conectar el dolor a la falta de cambio y el placer al cambio. Debes representar un escenario catastrófico para el futuro si sigues así.

3. **Debes llevar a cabo una acción** masiva y repetitiva hasta que establezcas un hábito. Recuerda que la decisión sin una acción consecuente se queda en nada.

Todos los años y en algunos casos cada seis meses me hago análisis de sangre y monitoreo los niveles en que se encuentran los distintos componentes. La última vez que lo hice, la enfermera me preguntó si era diabético y le dije que no. El comentario me molestó, así que de inmediato averigüé por qué lo decía. Ella me respondió: «Tiene altos los niveles de azúcar. Usted está en la fase de prediabetes». Entonces me asusté, pues sabía que, durante mucho tiempo mi ingesta de dulce, tortas, chocolates, etc. había sido diaria. Aunque soy vegetariano y no como carne, pollo, huevos, pescados ni leche, el dulce tiene la grasa suficiente para subir el colesterol y el azúcar, entre otras cosas, así que decidí aprender de la situación en vez de reaccionar. Cuando me vi con el médico, efectivamente me confirmó lo que la enfermera me había dicho al ver mis exámenes. Me explicó que ser prediabético es como una llamada a la acción y que las cosas se podían complicar seriamente si seguía con el régimen alimenticio que tenía, de modo que debía inmediatamente dejar de comer dulces, pastas y otros tipos de alimentos. Al salir de la consulta con el médico le dije a la enfermera: «Nos vemos en seis meses, y si mis niveles de azúcar no están normales, le autorizo a que me llame cerdo. Míreme bien la cara, tendré los niveles normales».

¿Qué estaba haciendo con esto? Hice pública mi decisión con la mayor cantidad de personas para sentirme presionado, ya que, al compartir una meta, si no la cumples quedas como un mentiroso. Al llegar a la casa coloqué de inmediato el resultado de mi análisis de sangre en la puerta de la nevera y lo destaqué en rojo, decidiendo ese día que iba a reducir la ingesta de azúcar por lo menos durante un año. Busqué referencias de personas que tienen diabetes y supe en cuán miserables se habían convertido sus vidas al tener que inyectarse insulina todos los días, visualizando verme obeso y sin salud por consecuencia del azúcar en mi sistema. Pensé que no estaría sano ni podría disfrutar de mis hijas de forma plena.

Estaba buscando todo lo que podía con tal de tener el apoyo más grande posible y razones lo suficientemente fuertes para no sentir la «necesidad» del dulce. Y, por supuesto, también actué y contraté a una nutricionista delgada, o sea, que ella vivía aquello que predicaba. ¿No te ha pasado que alguien quiere darte asesoramiento sobre algo en lo que esa persona no es exitosa? A mí sí y varias veces. Estas personas tienen la mejor intensión, pero no practican lo mismo que enseñan. En fin, esta nutricionista adaptó para mí una serie de comidas vegetarianas de alto porcentaje en fibra para reducir la grasa en mi cuerpo. ¿Sabes por qué acumulamos grasa? Porque nuestro nivel de acidificación es alto y el cuerpo para proteger su sistema sanguíneo lo envuelve en grasa. Para el día de hoy voy a cumplir algunos meses sin comer casi nada de azúcar, solo el de las frutas, y empecé un 14 de diciembre sin necesitar la excusa de las fiestas, a pesar de que mucha gente me recomendó que empezara en enero, diciéndome: «¿Qué? ¿Una dieta ahora? Espera hasta el próximo año. ¿Te vas a privar de comer esos postres ricos?».

Esto es lo más interesante de los tres pasos mencionados, no necesitas la voluntad, no necesitas luchar contra la costumbre ni el retiro, como le dicen. Es algo automático, un cambio de paradigma; tus prioridades cambian y en vez de sentir la necesidad del dulce, cada vez que lo veo pienso en que es un factor que va en contra de mi salud y mi familia, que es ahora o nunca. Mi nueva regla es: «Si veo o me provoca un dulce, entonces...», y empiezo a nombrar una lista de razones por las cuales no me interesa. El punto de quiebre está cuando afirmo que no soy comedor de azúcar o dulce, en vez de decir que no puedo comer azúcar, pues en ese momento mi identidad cambia definitivamente, en ese momento ya el dulce no representa un problema en mi vida, de hecho, hasta reparo menos en esos alimentos. Mi compromiso siguió y a los seis meses no tuvieron que decirme cerdo, más bien me preguntaron cómo lo había logrado, de qué manera rebajé y equilibré los niveles de azúcar y colesterol en mi cuerpo.

Te repito, algunas veces la voluntad no es suficiente, sino que necesitas cambiar tu esquema de prioridades, necesitas usar el dolor del futuro como herramienta en el presente, y necesitas decidir y actuar de manera constante y extendida. Recuerdo una entrevista que le hice a un exitoso empresario en el sur de Florida que sufría de sobrepeso. Este hombre un día, después de salir del consultorio del médico, tomó la decisión inquebrantable de rebajar de peso y seguir una dieta estricta. Cuando le pregunté qué había sucedido, me respondió un poco molesto: «Lo que pasa es que el médico me comentó algo que me molestó, me dijo que siguiera comiendo así y todo lo que tenía lo iba a disfrutar mi esposa con su nuevo novio después de que me muriera. Eso hizo que imaginara a mi esposa riéndose y disfrutando de mi yate, mi casa y mis autos con alguien más, así que inmediatamente tomé la decisión de bajar de peso». Después de que me contó la historia, no pude contener la risa.

Rompe las reglas para cambiar aquellas que te hacen daño, aprende a maximizar el modo de usar el placer y el dolor como estrategia de vida. Para finalizar, y como siempre digo, no me creas nada... ¡pruébalo tú mismo!

En el próximo capítulo, quiero explicarte cómo aprendí a usar la palabra cerdo en mi vida y qué impacto tuvo después de que un amigo me la dijera. Hablaremos de palabras que cambian tu vida.

CAPÍTULO 25

Palabras que cambian tu vida

«PON UN GUARDIA EN TU MENTE EN TODO MOMENTO».

—JIM ROHN

Estando en mi país natal, Venezuela, se me presentó la oportunidad de venir a Estados Unidos a estudiar inglés en el Babson College en Massachusetts. Un amigo vaticinó lo que sucedería a nivel político y económico en mi país y me recomendó que lo acompañara a estudiar inglés por un año, tiempo que él consideró prudente para que las cosas en Venezuela tomaran un rumbo diferente, y hablo del año 1994. De modo que aproveché la oportunidad de viajar a Boston. Era la primera vez que iba a un país extranjero a quedarme y estudiar otro idioma. Como tenía recursos económicos muy reducidos, acordé con mi amigo que él pagaría la casa y yo me encargaría de la limpieza. Todos los días «almorzaba» en el campus, lo cual para esa época y en bolívares (moneda que se usa en Venezuela) representaba un montón de dinero, así que siempre echaba mano de lo que menos pesaba, como la lechuga y algún carbohidrato, pues la libra de comida costaba $8.99. De esa forma me las arreglaba para comer con $3.00 o $4.00 cada día.

Además, aprovechaba el increíble gimnasio de la institución para hacer ejercicios y luego me montaba en la bicicleta para llegar a la casa donde me estaba quedando. Así que, en las mañanas de invierno, entre el frío, el cansancio y el hambre, me costaba levantarme. Era como si pesara trescientos kilos. En algunas ocasiones mi amigo esperaba unos minutos en la mañana por mí, por lo que usó una técnica que me ayudó enormemente no solo a rebajar, sino a levantarme temprano y rápido. En el invierno, ya que no podía manejar la bicicleta para ir a la universidad por la nieve, me despertaba abriendo la puerta de mi cuarto y gritándome: «¡Cerdo, levántate! Son las siete de la mañana, eres un cerdo dormilón». Al principio me reí, ya que pensaba que era una broma, pero al hacerlo varias veces más me di cuenta de que realmente me estaba llamando de esa manera, de que era un cerdo para él, sintiendo en el tono (recuerda que el tono en la comunicación representa el 38 % del impacto) que hablaba con toda la seriedad del caso. Así que cada mañana de lunes a viernes tenía a este militar gritándome en la puerta de mi cuarto para que me levantara con la famosa palabra *cerdo*. Me hacía sentir tan incómodo que decidí levantarme antes y estar listo en la cocina antes de que mi amigo me gritara.

Sin embargo, aunque en ese momento no lo sabía, este amigo era un excelente maestro de la influencia y conocedor del mecanismo del placer-dolor. No solo me motivó a que todas las mañanas me levantara temprano, también hice ejercicio como un loco para evitar ser llamado cerdo, lo cual trajo como resultado que estuviera prácticamente en el hueso. Tanto es así que cuando visité a mi mamá en diciembre de ese año en Venezuela, en el momento que me vio me dijo: «Tú estás pasando hambre», lo cual negué rotundamente.

Esa palabra que todavía recuerdo me estaba dando la llave para una transformación física increíble, ya que las palabras que usas para describir tus experiencias se convierten en tus propias experiencias. Y «cerdo» para mí no era sino la oportunidad para el cambio, la razón por la cual rebajar, el motivo por el que levantarme en las mañanas y hacer todo lo necesario para demostrar que no lo era.

En realidad, semanas después de este comportamiento que ya no necesitaba, porque estaba flaco y me levantaba a las seis y media de la mañana, le comenté que ya no quería que me llamara así, que no era necesario, a lo que me respondió de manera soberbia: «Si no te gusta, te vas». Sonreí y le dije: «Pues me voy. Este fin de semana me voy». Entonces me aseguró: «No durarás ni una semana aquí». No obstante, el tiempo demostró que se equivocó, ya que llevo en este país más de veintitrés años, atravesando muchas situaciones hermosas y también momentos de cambio y adaptación. Cada vez que vinculo con intensidad una palabra a una experiencia, esta se convierte en la experiencia. Cada vez que digo: «Yo soy...», lo que va después se convierte en mi experiencia.

En la recesión que sufrió Estados Unidos en el año 2008 perdí una gran cantidad de dinero en la Bolsa de Valores de Nueva York; las propiedades que tenía se habían ido al suelo y había una tremenda incertidumbre en el país y a nivel personal. Recuerdo haber visto un tiempo después unas escenas de una película de Silvester Stallone llamada *Rambo*. Ni siquiera vi el filme completo, solo estaba pasando los canales y de repente apareció la escena donde Rambo sale del agua con un cuchillo en la boca, listo para enfrentarse a lo que viniera. Curiosamente, una semana más tarde, cuando un amigo me preguntó cómo estaba, le dije que con el cuchillo en la boca, en modo guerrero.

¿Y sabes qué? Así estaba yo en ese tiempo, enfrascado en una lucha constante para superarme, salir de las deudas contraídas y recuperarme económicamente. No desperdiciaba ninguna oportunidad de trabajo ni ocasión para ayudar a alguien. Tenía realmente la visión de triunfar y pensaba que fallar no era una opción viable para mí, y no solo no era viable, sino que no existía. Esa época de mi vida marcó un nuevo comienzo, una nueva forma de estar necesitado; mi esposa no trabajaba, ya que habíamos tenido gemelas y quería que al menos uno de los dos se dedicara completamente a criarlas.

Así que te pregunto, ¿cómo describes tu vida hoy? ¿Quién eres? ¿Eres un cerdo? ¿Eres un guerrero? ¿Un desorden, un desastre, un genio, puro amor? ¿Eres un motivador, un transformador de vidas? Recuerda que cualquier palabra que uses después del «Yo soy...» se convertirá en tu experiencia de vida. Cuidado con lo que repites y sobre todo cuidado con lo que repites con intensidad, y más cuidado todavía con creer lo que las demás personas dicen de ti.

La opinión de otras personas sobre ti no tiene que convertirse en tu realidad a menos que tú la creas. Recientemente disfruté de un documental sobre unas investigaciones hechas en el Instituto de Tecnología de Massachusetts (MIT). El jefe de esta investigación es Dan Ariely, un especialista en el comportamiento humano graduado de la Universidad de Duke. Dan habla sobre la mentira o la deshonestidad en la sociedad y qué la produce, también explica por qué somos influenciados por otras personas y por qué los seres humanos hacemos cosas irracionales, nos autosaboteamos, rompemos con nuestros compromisos y somos muchas veces deshonestos.

Anthony Robbins dice en *Cita con el destino* que la razón es que «si algo llega a tu cabeza, estás muerto». Dan le llama a esto la racionalización de las cosas, el gran engaño, el mecanismo de defensa que consiste en justificar las acciones, generalmente de la misma persona, para evitar la censura o las consecuencias adversas por medio de una explicación lógica o coherente de las cosas (recuerda que estamos diseñados para evitar el dolor y acercarnos al placer). El súper yo puede generar en gran medida esas internacionalizaciones de las normativas morales, creando y generando posiblemente un sentimiento de culpa que provoca un conflicto inconsciente en el sujeto.

La «visión del mundo» incide directamente sobre estas racionalizaciones, siendo el generador de actitudes negativas hacia otras personas. En uno de los experimentos realizados usaron a un grupo de estudiantes de la Universidad

Carnegie-Mellon.[1] Ellos fueron sometidos a un examen que constaba de seis preguntas que había que contestar, y al final se les entregaría la cantidad de $6 y simplemente se destruiría el papel donde se encontraban las respuestas. Al devolver el examen se les preguntaba cuántas preguntas habían contestado y se les aseguraba que no se iba a analizar ni comprobar lo que habían hecho. Uno de los estudiantes estaba de acuerdo con el grupo de investigadores para que solamente treinta segundos después de recibir el examen se levantara y lo entregara. El resultado fue que pocos segundos después cada uno de los estudiantes restantes se paró y entregó el examen. Se pudo corroborar que el 85 % de los estudiantes había mentido en lo que respecta a la cantidad de respuestas completadas. El examen se repitió, pero en esta oportunidad el estudiante que estaba de acuerdo con el grupo de investigadores se puso una camiseta con el logo de una universidad de la competencia, Pittsburgh. El resultado fue que después de que el estudiante se paró a devolver el examen luego de treinta segundos, ninguno de los otros alumnos se levantó hasta terminar, dando como resultado un 98 % de verdad en lo que respecta a la cantidad de respuestas completas.

Lo interesante de esta prueba es que el primer grupo se sentía identificado con su compañero y racionalizó que era

1. «Contagion and Differentiation in Unethical Behavior: The Effect of One Bad Apple on the Barrel», artículo de investigación escrito por Francesca Gino, Shahar Ayal y Dan Ariely para Association for Psychological Science y puede ser visto online en http://journals.sagepub.com/doi/abs/10.1111/j.1467-9280.2009.02306.x

socialmente aceptable mentir, ya que uno de los estudiantes lo había hecho. En el segundo caso, el hecho de pensar que el estudiante era de la universidad de la competencia hizo que no lo consideraran socialmente aceptable, lo que derivó en no seguir sus pasos.

Otro experimento en el que se le pidió a un grupo de estudiantes que mintieran conectados a un detector de mentiras arrojó un resultado muy importante. Básicamente, el detector de mentiras detecta la excitación nerviosa de la persona al decir algo que no es verdad. Al primer grupo se le pidió que mintieran sobre algo importante en sus vidas, el resultado fue que el detector de mentiras captó el 100 % de las declaraciones falsas. Es importante recalcar que por medio de las tomografías cerebrales se pueden notar alteraciones en la amígdala del cerebro en el momento en que la persona dice una mentira, las cuales se hacen más grande mientras menos común sea para esa persona decirlas. Lo interesante de esto es que, si la persona empieza a mentir de forma regular, estas alteraciones se van reduciendo, ya que el cerebro se va familiarizando y se adapta, como sucede con cualquier hábito nuevo. Siguiendo con el experimento mencionado, a otro grupo se le pidió que mintieran sobre algo importante también, con la diferencia de que a ellos se les indicó que cada vez que mintieran, el detector de mentiras indicaría realizar una donación a una fundación. El resultado fue que el detector de mentiras no experimentó ningún tipo de nerviosismo o excitación nerviosa. Como se les informó a los estudiantes que el experimento se realizaba para una buena causa, no hubo conflicto ni problema emocional, *no se racionalizó* la respuesta y el sistema nervioso permaneció en armonía.

El tercer experimento y el último que voy a mencionar sobre este estudio tuvo que ver con una máquina que vendía dulces. Dan arregló la máquina para que los dulces salieran gratis, es decir, uno ponía el dinero y este era devuelto junto con el dulce. Arriba de la máquina había un letrero que decía: «Llamar en caso de que la máquina esté dañada o defectuosa», y luego aparecía un número de teléfono. Los resultados fueron los siguientes: primero, nadie llamó por teléfono a reportar nada, y segundo, la gente solo se robó tres o cuatro dulces. Lo interesante del estudio es que se comprobó que la gente hace trampa o miente si lo considera un patrón normal, si a través de la racionalización puede pensar que algo es correcto, pero más allá no. En pocas palabras, robarse diez o quince dulces hacía sentir a la persona culpable, injusta o aprovechadora.

Vivimos en una sociedad donde las reglas sociales son aceptadas como normales. Por ejemplo, mentir, aprovecharse de situaciones o robar en continentes como África o Latinoamérica es cerca de un 80 % común entre la población. En cambio, en Escandinavia, al norte de Europa, tales conductas alcanzan solo un 5 %. Esto me lleva a la siguiente pregunta: ¿Es verdad que una manzana podrida puede podrir el saco donde están las demás? Si y solo si está con manzanas de ese saco (del mismo grupo), pero si se encuentra rodeada de naranjas, no. Lo que quiero decir con esto es que, si en la racionalización del grupo social están presentes las mismas creencias, todos seguirán la incitativa del líder y considerarán el asunto como normal («¿Si todo el mundo lo hace por qué yo no?»), pero si se trata de un grupo que ve de una manera inferior a ese líder, no lo seguirá y posiblemente hará lo contrario.

Por otro lado, si nuestros actos son racionalizados como correctos («Ladrón que roba a ladrón tiene cien años de perdón»), sentiremos en cambio que estamos haciendo un bien mediante esa forma de actuar, algo parecido a Robbin Hood, que le robaba a los ricos para darles a los pobres. Sin embargo, al pensar así estás justificándolo para que tu mente lo considere normal.

Quiero resumirte este capítulo con solo estas palabras: *Si te justificas, estás muerto*, ya que estás buscando racionalizar para tratar de sentirte bien con algo que has hecho. Asume la responsabilidad por todo y sigue adelante. Siempre he pensado que esa voz de limitación que escuchamos no es la voz de Dios, porque él quiere que seas ilimitado.

CAPÍTULO 26

Influenciando y generándoles bienestar a las personas «fatalistas»

«No nos desesperemos, no somos cobardes ni fatalistas; creemos que Dios ha puesto en nuestras manos los medios para nuestra supervivencia y vamos a sacarle el máximo provecho».

—Mary Shelley

Hace poco conocí a una señora centroamericana que me reconfirmó la teoría de las creencias, la manzana podrida en el «saco» social y la fuerza de la palabra, pero de manera un poco (por darle un calificativo) catastrófica. Al conversar con ella me percaté de que se encontraba muy conectada a un guía religioso, quien la influenció de tal manera que estaba completamente segura de que el planeta Tierra iba a ser impactado por un meteorito el 17 de mayo de 2016. Lo interesante no era el comentario, lo más llamativo resultaba ser que esta señora no solo tenía la más completa seguridad de que tal catástrofe ocurriría, sino que también aseguraba que ella y un grupo de personas «selectas» se salvarían de este acontecimiento. Su mirada, su respiración y su fisionomía me confirmaban que la señora realmente creía y sentía eso.

Muchas veces atravesamos situaciones en nuestra vida en las que evidenciamos una manera de ser fatalista. La razón de ese comportamiento es una sola: llamar la atención. De ese modo logramos que otras personas se acerquen a nosotros para consolarnos o hacernos cambiar de parecer o forma de pensar. Ese refrán que dice: «Piensa mal y acertarás» está ideado para que al menos tengas la seguridad de que si todo va mal, tú tenías la razón.

Mientras seguía conversando con esta mujer, le pregunté lo siguiente: «¿Qué tan segura está de que ese suceso ocurrirá?». Me dijo que estaba muy segura, completamente convencida. Entonces le propuse hacer una apuesta que consistía en que, si la catástrofe del 17 de mayo no tenía lugar, ella donaría $500 a una fundación y de esa forma ayudaría a otro ser humano. La señora me miró y me dijo: «Es que no va a quedar casi nadie vivo». A lo que le respondí: «Lo entiendo, pero si no pasa nada usted podrá colaborar con un excelente muchacho que tuvo que pasar por una situación muy difícil en su vida y le amputaron las manos y los pies». Ella hizo una pausa y me dio la mano en señal de que el trato estaba hecho. Entonces le dije: «Escriba, él se llama Franklin Mejías y su fundación es Ángeles Guerreros USA (www. agusaf.org), le doy las gracias en su nombre por adelantado». También le comenté que la mentira era penada por Dios (usando sus propias técnicas) y después de ese comentario sentí que la señora se percataba de que la cosa iba en serio. Además, aproveché y le pedí el número de teléfono para llamarla el 18 de mayo, lo cual hice.

¿Cuál es el objetivo de compartir esta historia contigo y por qué es importante? Te cuento esto porque puedes usar cualquier escenario que experimentes en tu vida o enfrente otro para influenciar de manera verdadera. Puedes ser muy recursivo cuando la vida te presenta una «catástrofe» o estás creando una actitud y aptitud fatalista, y a pesar de que te parezca loca la historia, hay gente que se la pasa en eso todo el día, aunque lo haga en menor magnitud, como por ejemplo cuando declaran: «Nadie me quiere», «Mi vida es una miseria», «Todo lo que hago me sale mal, a ver qué más malo me va a pasar», «Hace mucho tiempo que nada bueno sucede en mi vida», «Me voy a morir» (solo porque terminaste con tu pareja), y muchas cosas más. Así que, si te pareció descabellada la creencia de la señora, pero si has dicho algunas de las frases que listé anteriormente, no estás muy lejos de ser fatalista.

También tuve una experiencia interesante con el médico que operó de las amígdalas a mi hija. Ella, como muchos niños que están en preescolar, se la pasa con bacterias o gripe, así que antes de la operación le comenté al médico que mi hija tenía más de dos meses que no se enfermaba, y él con una sonrisa en su rostro me comentó: «Claro es que no ha empezado el colegio, se volverá a enfermar. Tanto las guarderías como los preescolares son lugares donde los niños se contagian con otros muy fácilmente. En realidad, ¿por qué cree que tengo tanto trabajo?», explicó. Ese comentario no fue muy gracioso, pero me hizo entender lo siguiente: no a todos los policías les interesa que se acaben los robos, no a todos los abogados les interesa que se acaben los litigios o que la gente resuelva los conflictos de manera amistosa, a muchas personas no les interesa que te vaya bien en la vida, ya que ellos se alimentan de tu drama. Las revistas de farándula «viven» del fracaso de los demás, lo cual genera una especie de morbo que hace que las personas las compren o que se hable de ellas en las redes sociales, pero si eso no pasara no existirían. No a todos los médicos realmente les interesa que la gente esté sana y se cuide, ya que, si eso ocurre, se quedan sin trabajo. A algunos petroleros no les interesa que alguien como Elon Musk (Tesla) tenga éxito, aun sabiendo que terminar con la dependencia del uso del petróleo es un avance que el mundo necesita. No a todas las compañías farmacéuticas les conviene que estés sano, a estas no les interesa ni que estés sano ni que estés muerto, el dinero lo hacen si estás enfermo. ¿Alguna vez haz escuchado todos los efectos secundarios que producen algunas medicinas? Son peores que los síntomas de la enfermedad.

Siempre que ocurre una tragedia hay un grupo que se beneficia de ella, al menos a nivel económico. Cada persona que forma parte de nuestra vida cumple una función importante, pero al final del camino debes velar por ti y superarte cada día más. Muchas veces vivimos llenos de miedo, sin embargo, alguien está usando dicho miedo para beneficiarse de alguna manera, e igualmente sucede con la ignorancia. La ignorancia no es una bendición. Ese refrán que dice: «Al ignorante lo protege Dios», está muy lejos de la realidad. Siempre tendrás que enfrentar el resultado de tus acciones, las cuales te impactarán de manera positiva o negativa. Ya sea que estés al tanto de lo que sucede o no, aunque pienses que eres una víctima y digas: «No es mi culpa, yo no lo sabía», igualmente experimentarás las consecuencias de tal acto. Así que asume la responsabilidad y dejarás de vivir en el miedo. Debes evitar rodearte de personas que:

- **Viven en la negatividad constante:** ¿Y cómo sabes que es así? Pues simple, todo te va mal y tienes como con una nube negra encima todo el tiempo. También puedes reconocer que una persona es negativa porque de su boca lo único que salen son críticas.

- **Critican constante y continuamente todo:** Siempre ven el detalle negativo o destructivo de algo (dime dónde enfocas tu atención y te diré quién eres). Son aquellas personas que usan el chisme como modo de vida. Su vida vale tan poco que se la pasan hablando de los demás con desprecio.

- **Desprecian y rechazan:** Buscan la manera de tratar de desacreditar a la otra persona. Como dije antes, estas personas se toman el veneno y piensan que le están haciendo daño al otro, y siempre andan a la defensiva.

- **Están a la defensiva:** Buscan la manera de justificar todo lo que les sucede, sobre todo los fracasos que por lo general experimentan, diciendo: «Me fue mal por...» o «La culpa es de...». O inventan miles de historias para justificar su vida haciendo de esto un círculo vicioso, ya que viven en la negatividad.

¿Sabías que eres el reflejo de las cinco personas con la que pasas la mayor parte de tu tiempo? Por lo tanto, elige bien con quién te relacionarás.

Es tiempo de que empieces a crear oportunidades en tu vida y dejar de ser un manejador de circunstancias. Da un paso hacia delante y crea, crea y crea de manera constante, diaria, no solo para tu bien, sino para el de los que están a tu alrededor también, así cuando te encuentres con una persona fatalista o tú mismo te sientas de esa manera, tendrás la guía que necesitas para ir hacia la luz y que esta persona no te arrastre hacia su limitada creencia.

Sé un líder ahora. Es momento de que empieces a abrir la puerta de las oportunidades, pero si crees que eso te hará sentir bien, estás muy equivocado. Sí, leíste bien, que te abras a nuevas oportunidades no significa que todo será color de rosa. Tienes que entender que el crecimiento y la creación se generan a partir del rompimiento y el desarrollo de lo que llaman la sustancia blanca de tu cerebro o mielina.

Abre las puertas de tu nueva vida: ¡prepárate!

«CAMINA HACIA EL FUTURO ABRIENDO NUEVAS PUERTAS Y PROBANDO COSAS NUEVAS, SÉ CURIOSO... PORQUE NUESTRA CURIOSIDAD SIEMPRE NOS CONDUCE POR NUEVOS CAMINOS».

—WALT DISNEY

CAPÍTULO 27

Abre las puertas de tu nueva vida: ¡prepárate!

Una cálida mañana tuve el placer de compartir unos minutos con el famoso director de telenovelas Luis Manzo. Ambos nos encontrábamos en la locación de exteriores de la novela *Silvana sin lana*, la cual se producía en Miami. Me acerqué a él y le comenté: «¿Cómo estás Luis? ¿Feliz?», a lo cual respondió: «¡No, nervioso!». Me reí y le pregunté: «¿Y eso?». Entonces me dijo: «Es que cada vez que empiezo una novela y estoy en ese proceso creativo duermo poco, me siento como con angustia, siempre estoy en la búsqueda de posibles formas de montar las escenas, en un proceso constante de encontrar la mejor toma». Luego se rió y añadió: «Pero no es sino hasta el momento de la grabación que se puede finalmente montar la escena, ya que influyen aspectos externos y la forma en que los actores que interpretan el personaje responden a este montaje. Es increíble Vicente, anoche tenía una idea de cómo debe ser y ahora tengo otra, y al momento de montar la escena surge otra idea más. Es una preparación constante, mi cerebro no descansa, está toda la noche creando y buscando posibilidades, pues ya a la mitad de la novela cuando todos los personajes están bien establecidos, se pierde un poco de interés al no haber crecimiento ni creación. ¿Tú has leído el libro de Peter Brook (director de cine y teatro inglés) *The Open Door* [La puerta abierta]?». Le respondí que no. Entonces me comentó que ese libro trata exactamente de eso: el pasado no existe, tienes una idea de lo que será, pero al momento de la escena solo queda el presente y hay que sacarle lo mejor de lo mejor a ese momento.

Me quedé atónito al escuchar eso y no pude evitar acordarme de mi mamá, la también actriz Gladys Cáceres, que «sufre» debido a ese mismo proceso. Ella se la pasa repasando y repasando la letra una y otra vez y se siente de la misma forma, como nerviosa, ansiosa, con ganas de empezar ya a actuar. Es como una ansiedad positiva en anticipación de algo.

Pues bien, tanto Luis Manzo como mi mamá están usando sus neuronas y reforzando el crecimiento, un proceso durante el cual se desarrolla la llamada sustancia blanca del cerebro o mielina. La mielina se encuentra en el sistema nervioso y se encarga de recubrir los axones de las neuronas. Cada vez que practicas algo, una capa de mielina se produce; cada vez que vuelves a hacerlo, otra capa recubre a esta neurona, creando el aprendizaje. Hay un excelente libro que se llama *The Talent Code* [El código del talento] de Daniel Coyle. El escritor dedicó parte de su vida a identificar qué produce el talento y si se nace con él o se crea, para eso buscó atletas exitosos, así como artistas. El factor común que Daniel Coyle encontró entre la escuela de béisbol de República Dominicana, la de tenis de Rusia y el entrenamiento de futbolistas brasileños es un tipo especial de práctica, la práctica profunda, el entrenamiento perseverante. «Es el estado mental donde estás en el filo de tus habilidades, cometiendo errores, atento a ellos y esculpiendo tu circuito, diciéndole dónde crecer y dónde no», afirma.

Esta estimulación insistente causa la liberación de moléculas desde los axones, lo cual incita a la mielina a producir más mielina. No importa cuál sea el modo de aprendizaje —escribir, pintar o tocar un instrumento— el mecanismo es el mismo. «Tu cerebro no sabe si está aprendiendo fútbol o a Chopin. Todas las habilidades son realmente circuitos», dice Coyle. Eres recompensado en público por lo que haces en privado con mucha intensidad, por tu práctica profunda y continua. Cuando incrementas el nivel de energía, cuando no hay distracción, cuando vives al límite, realmente te conectas fuertemente a esa destreza particular que estás desarrollando, es decir, haces uso de tu enfoque total y tu energía, de esta forma esta mielina va fortaleciéndose y procesa la información mucho más rápidamente. Es como tener Internet de alta resolución, la conexión se realiza más rápido.

Por ejemplo, Lebron James, el basquetbolista, está completamente «conectado», por eso su rendimiento y asertividad son impresionantes. De igual modo, Doug Collins, el entrenador de Michael Jordan, le exigía más de trescientos tiros libres a la canasta. Todo el tiempo. Serena Williams, la extraordinaria tenista americana, se levanta a entrenar casi todos los días, esté en medio de un torneo o no. Recuerda, la práctica hace la destreza, estableciéndose una conexión cada vez más fuerte. Para muchos, esto asume también una forma destructiva, ya sea con los malos hábitos o las emociones limitantes que se repiten una y otra vez, lo cual hace que la persona se «conecte» de manera más intensa.

Tienes que entender que puedes cambiar. No hay nada más absurdo que escuchar a la gente decir que nadie cambia o que nadie tiene el poder de cambiar a otro, estos comentarios limitados son muy opuestos a la realidad. Todos podemos cambiar, lo único que debemos hacer es «conectarnos» de manera diferente para así modificar el resultado, y eso se hace por medio de la inmersión total y completa en la nueva conexión que se quiere crear.

Una de las formas que uso para reconectarme, la cual aprendí de Tony Robbins, es repetir con toda la intensidad posible lo que quiero lograr en mi vida. Lo digo con total certeza y convicción, con fuerza, una y otra vez, hasta que forma parte de mi vida, de mi modo de hablar y hasta de la manera en que me desenvuelvo. Los talentos terminan siendo solo un regalo de la vida si no los pones en acción, si no los ejecutas una y otra vez, cientos de veces, hasta que formen parte innata de ti. Cuando te reconectas, le estás dando una oportunidad de oro a tu vida.

Así que la próxima vez que pienses que alguna cosa te cuesta o experimentes una especie de ansiedad positiva al desarrollar algo o adquirir destreza, entiende que eso se llama aprendizaje y está diseñado para que te sientas así. Y como estás aprendiendo, te vas a equivocar, así que lo tendrás que hacer de nuevo una y otra vez, hasta que lo domines, de ese modo ya formará parte de tu sistema nervioso y empezarás a construir tu vida. Recuerda, siempre construye basándote en experiencias exitosas, las otras úsalas solo como aprendizaje. Muchas veces cuando nos sentimos «incómodos» tiramos la toalla o buscamos cambiar nuestro estado de incomodidad con estimulantes como la comida, el alcohol, el cigarro y muchas cosas más.

En este sentido, quiero trasmitirte las palabras de Jorge Valdano, el antiguo director del Real Madrid, entrenador y futbolista, que escribió el libro *Los once poderes del líder*. Él comenta lo siguiente:

En un mundo veloz en el que el tiempo se ha vuelto más impactante, quien carece de inquietudes corre el riesgo de volverse viejo en un año. Cambian en tiempo récord los vehículos de comunicación, pero también el lenguaje, los valores y hasta los paradigmas. Definitivamente, el tiempo ya no es lo que era. Quien tiene curiosidad no le tiene miedo al futuro, porque se abre de un modo natural al cambio, a las ideas, a la innovación. Tener curiosidad es mantener siempre vivo el deseo de aprendizaje; pero es también el único modo de mantenerse conectado al mundo y de no ser superado por el entorno.[1]

1. Jorge Valdano, *Los 11 poderes del líder: El fútbol como escuela de vida* (Conecta, 2013), p. 107.

Las transformaciones hay que hacerlas cuando las cosas funcionan. Es en el éxito, ya que el ambiente se hace más distendido, donde la capacidad de asimilación de los jugadores es más permeable.[2]

Las variaciones no deben tocar la esencia. Como esas canciones antiguas que, por obra y gracia del talento, un arreglo musical las convierte en modernas y les descubre un nuevo atractivo.[3]

De una manera magistral, Jorge expresa que el antídoto de esa ansia es la curiosidad, y por medio de la curiosidad se transforma el miedo al futuro. En la curiosidad está intrínseco el aprendizaje, el proceso de hacer, equivocarse y volver a hacerlo. Es importante seguir soñando y deseando, pero a diferencia de «pedir» un deseo, así como hacemos todos los años en nuestro cumpleaños o el día del Espíritu de la Navidad, debemos «hacer» ese deseo.

2. Jorge Valdano, *Los 11 poderes del líder: El fútbol como escuela de vida* (Conecta, 2013), p. 109.
3. Ibíd.

CAPÍTULO 28

Haz realidad un deseo

«ALGUNAS PERSONAS QUIEREN QUE PASE, OTRAS DESEAN QUE PASE, OTRAS HACEN QUE PASE».

—MICHAEL JORDAN

En uno de los viajes que realicé a Disney World, en Orlando, visité con mi familia Epcot, un sitio espectacular, lleno de diversión y aprendizaje. Mientras esperaba con mis dos hijas en la fila para ver a Baymax, uno de los personajes de la película *Big Hero 6*, se nos acercó una representante de Disney para pedirme el favor de que dejara pasar a una familia que estaba con la fundación Make a Wish. Esta organización sin fines de lucro se encarga de hacer realidad algún deseo de niños con enfermedades graves o terminales. Obviamente dejé pasar a esta familia de cuatro personas: los padres, un adolescente y una niña de aproximadamente seis años, muy delgada y con ojeras bastante acentuadas.

Mientras estaba con el personaje de Disney, la niña disfrutó un montón, su sonrisa iluminaba la sala, lo abrazaba, hablaba con él, se tomaban fotos, en fin, ella vivió el momento al máximo. Después, invitados por el fotógrafo de Disney, se tomaron una foto familiar que quedará para el recuerdo. En ese momento, agradecí el regalo de la vida dado a mi familia e inmediatamente pensé que *make a wish* no quiere decir pedir un deseo, sino hacer (construir) un deseo. En ese momento me paralicé por unos segundos y me dije: «Claro, ahí está la clave, no se trata de desear algo solamente, más bien es hacer que ese deseo se haga realidad». Esa niña que no conozco cambió mi vida, pues ella disfrutaba su deseo al máximo, sin importar el tiempo restante, estaba viviendo su momento mágico.

Nos pasamos la vida deseando cosas y momentos que generalmente no llegan, preocupados o arrepentidos por lo que puede pasar, o por lo que no hicimos o hicimos, y al pedir realmente no lo hacemos con fuerza, o solo pedimos dos veces al año en las fechas que antes comenté, el cumpleaños y el 21 de diciembre. La clave está en dejar de desear y empezar a hacer que esos deseos se hagan realidad. El problema es que muchas veces pensamos que todo estará allí para siempre y no es así.

Debemos ponerle fecha de expiración a las cosas para que eso que queremos se haga realidad, todos necesitamos una fecha límite. Si no, caeremos en la mentira del deseo infructuoso, del deseo vago y sin fuerza, que aparte nos condiciona a no tenerlo. El asunto no está en hacer tu lista y llenarte todos los días de cosas para hacer, sino en hacer cosas que vayan de acuerdo con tus metas (sueños con fecha) y los deseos que quieres hacer realidad.

El enfoque en nuestra vida es muy importante, pues recuerda que eres tu enfoque, eres tu atención, y una vez que tu atención esté dispersa, así lo estarás tú. ¿Tu deseo es difícil? ¡Vaya, te felicito! No hay mérito en lo fácil, no hay crecimiento en lo que requiere poco esfuerzo, no hay conquista a menos que sea difícil. Si vas al cine y ves una película que no muestra dificultades, situaciones difíciles, retos imposibles, en la que el protagonista no pasa por situaciones extremas, entonces dices que la película es fastidiosa y posiblemente te saldrás antes de que termine. De esa misma forma es la vida. La niña de la cual hablamos al principio del capítulo estaba enfrascada en una batalla por su vida, viviendo al máximo, y su familia la apoyaba para que su deseo se hiciera realidad. Quiero compartir contigo tres pasos para que dejes de pedir deseos y empieces a hacer que esos deseos se conviertan en realidad:

1. **¿Cuál es tu deseo con fecha de expiración?** Vamos a suponer que tu deseo es rebajar de peso para tener salud. Primero que todo, ese es un deseo vago y muy general, de modo que puedes ser más específico y claro. Tal vez podrías formularlo así: Quiero rebajar diez kilos antes del 30 de junio del próximo año (ponle la fecha que quieras, pero hazlo).

2. **¿Qué decisiones tomarás y qué acciones llevarás a cabo hoy para alcanzarlo?** Decido hacer ejercicios al menos cinco días a la semana, elijo alimentarme de forma sana, tener pensamientos proactivos y productivos todos los días. Debo hacer ejercicios hoy no si tengo tiempo, sino más bien tengo que buscar el tiempo para hacer ejercicios. Hoy no voy a comer lo que pueda, sino a encontrar la forma de alimentarme de manera sana, nutriendo mis células con una Alimentación Celular® (este es el nombre de uno de mis seminarios

de alimentación, donde expongo la manera de alimentarse con la meta clara de nutrir las células). En caso de enfermedad, buscaré todos los recursos para nutrir y vigorizar mis células y órganos.

3. **¿Por qué es imperativo e importante hacer realidad tu deseo?** Esta es mi decisión de vida, no hay otra opción, no existe ninguna forma adicional. Necesito agotar los recursos para vivir de esta manera y punto. Yo soy primero, mi salud es primero, sin ella no existe nada más. Es algo imperativo para mi vida y mi familia, porque... (y enumera todas las razones que quieras).

Esta sí es una forma concreta y clara de *hacer* que un deseo se haga realidad. Debe incluir la acción constante y continua, pues tu vida no cambia para bien haciendo algo una vez. Tu vida se transforma realizando acciones diarias hacia esa meta, ese deseo. No se trata solo de pedir, pide llevando a cabo acciones y con la suficiente fuerza y la fe de que ya te ha sido dado. Realmente puedes «condicionarte» para el éxito.

Lo importante es que sepas que todo lo que deseas y quieres en algún momento de tu vida fue implantado en ti por medio del condicionamiento. En pocas palabras, creemos que escogemos libremente lo que queremos, pero no es así; escogemos aquello para lo cual estamos condicionados de forma consciente o inconsciente.

CAPÍTULO 29

Condicionamiento inconsciente: «El cerebro ansioso»

«LOS HOMBRES DEBERÍAN SABER QUE
DESDE EL CEREBRO Y NADA MÁS QUE
DESDE EL CEREBRO VIENEN LAS ALEGRÍAS,
EL PLACER, LA RISA, EL OCIO, LAS PENAS,
EL DOLOR, EL ABATIMIENTO Y LAS
LAMENTACIONES».

—HIPÓCRATES

CAPÍTULO 19

Condicionamiento inconsciente: El «cerebro ansioso»

En los primeros años del siglo veinte, un amigo de un prominente inversionista le propuso la idea de un negocio que sería revolucionario para la época. El negocio sería fabricar una pasta de dientes, la cual llamó Pepsodent. Este inversionista y otros más se acercaron al exitoso ejecutivo experto en publicidad Claude C. Hopkins, quien se encargaría de lanzar una extensa campaña publicitaria. Hopkins era reconocido en su época por generar ansiedad en las personas a fin de que consumieran un producto u otro. Por medio de la publicidad él lograba que las personas se «convencieran», lo cual en realidad lo convirtió en alguien famoso y millonario. Sus reglas para crear nuevos hábitos en los consumidores cambiaron las industrias y se conocen hasta el día de hoy.

La época brindaba una gran oportunidad, ya que los estadounidenses tenían un deterioro notable en su dentadura, además de que los soldados que venían de la Primera Guerra Mundial presentaban graves problemas de salud dental, lo cual llegó al punto de que el asunto fue considerado como un aspecto de «seguridad nacional». Aunque en ese tiempo existía la pasta dental, venderla era un mal negocio, pues simplemente nadie la compraba debido a que la gente no tenía el hábito de cepillarse los dientes. Ese fue el primer problema que encontró Hopkins, por lo que al principio rechazó la oferta de

Pepsodent. No obstante, después de una larga insistencia de su amigo y el ofrecimiento de acciones en la compañía, aceptó.

Esa decisión cambió completamente su vida, ya que solo cinco años después Hopkins convirtió a esta compañía en una de las más conocidas del mundo. Ese problema que había encontrado lo transformó en una extraordinaria oportunidad, creando la necesidad, el «ansia», del cepillado de dientes en todo Estados Unidos, para lo cual usó imágenes desde Shirley Temple hasta Clarke Gables con sus famosas sonrisas Pepsodent. Ya para 1930, Pepsodent se vendía en China, Alemania, Brasil y Sudáfrica. A solo diez años después del primer comercial de Pepsodent el hábito de cepillarse los dientes en Estados Unidos subió del 7 % de la población a más del 50 %. Hopkins había creado el hábito en los estadounidenses de cepillarse los dientes a diario.[1]

Su éxito radicó en que descubrió un disparador y un premio para el hábito de cepillarse los dientes. Él, de alguna forma, sabía que el disparador y el premio harían que las personas quedaran enganchadas al producto. De hecho, el asunto se oficializó y cada vez que se veía a alguna persona con los dientes blancos o limpios se le decía que tenía una sonrisa Pepsodent, ¿lo recuerdas?

Hopkins nos enseñó cómo los nuevos hábitos pueden ser establecidos y cultivados para que crezcan. Él creó el «ansia»,

1. Charles Duhigg, *The Power of Habit: Why We Do What We do in Life and Business* (Canadá, Doubleday Canada, 2012), p. 33.

y una vez que lo haces empieza entonces a formarse el «círculo adictivo» del hábito. Para eso, lo único que tenía que lograr era encontrar disparadores que hicieran que las personas consumieran su producto todos los días. Así que después de leer varios libros sobre limpieza bucal, halló lo que estaba buscando «la placa dental o sarro», esa sustancia que se adhiere a los dientes. Esto hizo que enfocara toda su campaña en la belleza dental, aunque realmente esa capa de sarro no tiene nada que ver con la limpieza o lo que comas, de hecho, la puedes eliminar con solo comer una manzana o pasarte una tela por tus dientes. La pasta no hace nada para removerla. Investigaciones científicas determinaron que incluso Pepsodent no hacía nada, pero sin importar esa información, Hopkins sabía que había encontrado el disparador que estaba buscando.

En poco tiempo ya aparecían en varias ciudades anuncios como: «Tócate los dientes y siente esa placa, esa es la razón por la cual tienes los dientes opacos o grises». Un disparador viene generalmente unido a una situación desagradable o de dolor, y la recompensa era que Pepsodent removía la placa dental. Al final, ¿quién no quiere ser más bello, sentir los dientes limpios y tener una linda sonrisa? Pepsodent fue la pasta de dientes número uno en Estados Unidos durante treinta años, generándole miles de millones de dólares a la empresa y más de un millón de dólares solamente a Hopkins en la década de 1930. La clave solo fue una: Hopkins comprendió la psicología humana correcta (condicionamiento), que está basada en dos reglas sobre las cuales conversamos en el capítulo de los hábitos:

- Encuentra un disparador.

- Define claramente el premio o la recompensa.

De esta manera, la forma por la cual nosotros podemos transformar nuestros hábitos está bien identificada, y es creando de modo consciente o inconsciente ese cerebro «ansioso». Así podremos añadir entonces hábitos buenos o malos a nuestra vida.

Todas las empresas publicitarias saben esto y lo emplean para programarte todo el día. Por lo tanto, usa este poder tú también para crear nuevos hábitos que transformarán por completo tu vida. ¿Cómo lo haces? Solo tienes que cambiar el procedimiento que usas para satisfacer ese hábito, para alcanzar ese premio. ¿Te has dado cuenta de que la mayoría de las personas que dejan de fumar engordan? Sustituyen el acto de ponerse el cigarro en la boca por el de ingerir comida, pero al final se siguen sintiendo mal y para evitar la gordura, entonces vuelven a fumar. Cuando digo que debes cambiar el procedimiento me refiero a la manera como haces las cosas, pero el premio debe seguir intacto.

Por ejemplo, si quieres dejar de fumar —según nos comentó el Dr. Richard Bandler, cocreador de la Programación Neurolingüística, en su taller de especialización *Design Human*

Engineering [El diseño de la ingeniería humana]— lo único que debes hacer es «no ponerte el cigarro en la boca». Parece estúpido decirlo, pero es realmente así. Con solo no ponerte el cigarro en la boca dejas de fumar. ¿Y entonces? ¿Por qué no lo hacemos? Tú fumas no porque te gusta, pues dudo mucho que la primera vez que fumaste dijeras: «¡Vaya, qué excelente tabaco, qué buena textura y olor!». No, lo más seguro fue que al fumar por primera vez tosiste o te dolió la cabeza, quizás tu cerebro te indicó: «¿Qué insensatez estás haciendo?». Pero tú respondiste: «Haz silencio, necesito calmarme, necesito relacionarme», o mencionaste cualquier otro «premio», ya que realmente estabas buscando algo con lo que sentirte mejor. Solo con el tiempo se convirtió en un hábito.

Entonces, recapitulando, debes cambiar el procedimiento que usas para satisfacer esa ansia que tienes de algo, pues tal ansia es el disparador perfecto para que comience un hábito en tu vida, ya sea destructivo o constructivo. Mantén el premio intacto, la recompensa (que, en el caso de fumar, no es el cigarro en sí, sino tal vez buscar paz, liberar tu tensión y otras cosas por el estilo), de esa forma al final te sentirás bien y aunque cambies el hábito, seguirás recibiendo de forma neurológica la satisfacción para tu cerebro. Además, de ese modo puedes escoger conscientemente lo que en realidad quieres, ya que considero que la vida es como un bufé donde tienes la posibilidad de escoger lo que realmente quieres comer, colocando en tu plato lo que gusta y en la cantidad que deseas. Sin embargo, puedes condicionarte a comer más ensalada y menos dulce y de todas maneras seguir disfrutando el proceso.

Los hábitos conforman tu vida y por medio de ellos puedes ser un creador de oportunidades o un esclavo de las circunstancias; puedes sentirte atrapado en una celda de malos hábitos o crear otros tan extraordinarios que llevarán tu vida al próximo nivel, pues la práctica por medio del hábito hace que las cosas sean permanentes, no perfectas. Y lo más interesante de todo, si conoces estos pasos que te he explicado en cuanto a los hábitos y te conviertes en un experto en ellos, podrás inevitablemente influenciar tu vida y la de otros, porque el verdadero crecimiento se encuentra en ser recursivo, no en los recursos.

CAPÍTULO 30

Ingenio: no es cuestión de recursos, sino de ser recursivo

«LA FALTA DE RECURSOS NO ES UNA DEBILIDAD, SINO UNA EXIGENCIA QUE DEBE OBLIGAR A SER INNOVADOR, CREADOR Y RECURSIVO».

—JORGE GONZÁLEZ MOORE

Vamos a hablar claro, cada vez que pienses que no has tenido éxito en tu vida por falta de tiempo, dinero, recursos, tecnología o peor aún, falta de posibilidades, quiero que recuerdes este capítulo, ya que tu carencia no es de ninguno de estos aspectos, sino de ser recursivo.

Los recursos más importantes están presentes cuando tienes un estado emocional empoderado, creativo, apasionado, sincero, honesto, amoroso. Estos son los recursos humanos más importantes, y cuando tú te haces de ellos, tendrás el recurso más importante: ser recursivo. Así que, si aún no tienes lo que quieres en tu vida, es por una sola razón. Olvida la historia que te repites una y otra vez de por qué no lo has conseguido todavía, porque esa historia es una mentira.

Afirmar que no tienes dinero o tiempo, o cualquier otra cosa, es solo una historia que te dices para darte una «razón» de por qué no te comprometes a alcanzar el éxito, no te comprometes realmente a conseguir eso que quieres. Imagina lo siguiente: muchas veces en la vida solo llegamos hasta donde nuestra zona de confort lo permite. Es como, por ejemplo, cuando estamos flotando en el agua y solo hacemos el esfuerzo de mantenernos así con la nariz afuera para no ahogarnos. En cambio, si por alguna razón nos hundimos, hacemos más de lo humanamente posible para no ahogarnos, movemos los brazos y estiramos la cabeza y el cuello con tal de poder respirar, pero una vez que inhalamos aire, dejamos de hacer el mismo esfuerzo que antes.

Cada líder que he conocido ha pasado por situaciones extremadamente difíciles antes de poder llegar a donde está ahora, y no solo hablo de dinero, sino de esfuerzo, dedicación, cansancio y decisiones complicadas. Pese a que algunos empezaron sin ningún recurso o con pocos, ellos buscaron la manera de:

- Ponerse metas muy altas.

- Acostumbrarse a los rechazos. (De ahora en adelante le llamaré a los rechazos simples «invitaciones» al cambio.)

- Persistir hasta alcanzar lo requerido.

Ahora bien, consideremos la pregunta más importante: ¿Por qué no lo hacemos? La respuesta es muy sencilla: no nos importa lo suficiente. Si quisieras tener éxito con la misma intensidad que deseas sacar la cabeza del agua y respirar, ya lo tuvieras, pero no es así, solo tienes una excusa, ya que el problema radica en que no puedes tener ambas cosas. O tienes resultados favorables en tu vida o tienes una excusa por la cual no tenerlos. ¿Qué es lo que marca realmente la diferencia? ¿Qué resulta determinante para las personas? ¿Qué hace que unas lo logren y otras no? La diferencia no la determinan los recursos, sino qué tan recursivo e ingenioso eres. Y cuando digo recursivo, quiero interpretarlo como la capacidad de usar el conocimiento que tenemos.

Aplicar lo que sabemos se considera sabiduría. Como dije antes, estamos inmersos en información, pero carentes de sabiduría, que es justo lo más importante. Sabemos muchas cosas, pero no las aplicamos. La determinación es el poder más grande que podemos tener: decidir y actuar. Cuando fracasamos en algo, ¿en qué nos enfocamos en ese momento? ¿A qué o quién responsabilizamos? ¿Nos faltó tiempo? ¿Dinero? ¿Conocimiento? ¿Tecnología? ¿Amistades? No importa lo que sea, pero realmente esos no son los factores determinantes, el factor determinante eres tú y no ser lo suficiente recursivo o ingenioso. No se trata de los factores externos, sino de tu mentalidad. Tu forma de pensar y tus emociones son lo que debes transformar.

Si estás comprometido con algo realmente, encontrarás el camino para conseguirlo. En mi opinión hay tres tipos de personas:

- Los triunfadores.

- Los fracasados (aquellos que tiraron la toalla).

- Los triunfadores que aún no lo saben (y este tercer grupo lo único que necesita es un poco de asesoramiento personal).

La manera más rápida de llegar a donde quieres es modelando a alguna persona que ya está donde tú quieres llegar. Si la determinación (decisión + acción) configura tu destino, ¿en qué cosas debes concentrarte entonces? En tres factores:

1. **¿Dónde debes enfocarte?** Enfoque es igual a emoción. ¿Te acuerdas del comentario de Deepak Chopra? Si mi atención (enfoque) está en el pasado, yo lo estoy. Y de esa manera, generas una emoción. Si el enfoque está en lo que falta en tu vida, te vas a sentir con carencias, ya que le darás a eso un significado. Si, por el contrario, te enfocas en encontrar soluciones, pues de esa forma exactamente vas a actuar.

2. **¿Qué es lo que esto significa para ti?** En pocas palabras, ¿qué es esto que te está sucediendo? ¿El final? ¿El comienzo? ¿Una pequeña piedra? ¿Un túnel sin salida? ¿Qué es lo que significa?

3. **¿Qué vas a hacer al respecto?** ¿Cómo vas a actuar de ahora en adelante? ¿Cuáles son las acciones que debes llevar a cabo ahora para poder lograr un cambio (si no te gusta) o tener más de ello (si te agrada)? Lo que hagas al respecto con cada determinación en tu vida no solo te impactará a ti, sino también a las personas a tu alrededor o al mundo.

Cuando Bill Gates creó Windows, su enfoque primario no era diseñar un programa de computadora, sino más bien se preguntó cómo podía crear un programa que fuera la inteligencia que dirigiera a todas las computadoras. Esa recursividad convirtió a Windows en el programa que el 90 % de todas las computadoras en el mundo poseía. ¿Qué hace que te formules las preguntas correctas? ¿Qué hace que tomes las decisiones acertadas? Tu estado, tu condición. La condición en que te halles en ese momento va a determinar las decisiones que hagas, así como tu enfoque. Las personas que se encuentran en un estado de tristeza tienden generalmente a entristecerse, las que están sumidas en un estado de enfado por lo general se molestan por cualquier cosa, aquellos que muestran un estado de agradecimiento dan gracias con frecuencia y muchas veces en situaciones muy difíciles casi siempre ven cómo agradecer.

En un estado no recursivo tus decisiones pueden ser incorrectas y limitadoras. Por el contrario, en un estado recursivo, siempre encontrarás la manera y el camino para dar con la solución sin importar los recursos que poseas en ese momento. Recuerda que, para activar a otros, primero debes activarte tú. ¿Alguna vez te ha tocado un profesor en el colegio o la universidad que es sumamente aburrido, que lee o enseña de una manera que provoca acostarse a dormir? ¿Por qué en ocasiones el profesor nos mandaba a callar en la clase y nadie lo escuchaba? ¿Por qué no reteníamos casi nada de la información suministrada? ¿Por qué no nos importaba? Porque a la fuente que impartía la información (el profesor) no le interesaba, y eso es lo que realmente percibíamos, no la materia en sí.

Para activar a otros es imperativo que te actives tú primero, que estés entusiasmado. Todo funciona así. Un empleador entusiasmado en un estado proactivo tendrá empleados que actúen de esa forma; una persona cuyo ingenio es activado tendrá seguidores que se comporten de la misma manera. La influencia que tengas en los otros será directamente proporcional al grado de entusiasmo, creatividad e ingenio que demuestres tú. No puedes dar algo ni motivar a nadie a hacer alguna cosa si no la haces tú primero.

En uno de los seminarios en los que participé con el Dr. Richard Bandler lo escuché hablar de que la instrucción que recibimos en los colegios y universidades debe cambiar, que los maestros deben ser mejor pagados, y que la forma de enseñar debe ser más dinámica y activa, con profesores que amen lo que hacen y conviertan la clase en un proceso dinámico. Él nos comentó que uno de los más grandes errores es que pensamos que el cerebro aprende de manera lenta, pero ocurre todo lo contrario, para realmente aprender algo debes tener una total inmersión y eso significa movimiento.

¿Recuerdas la película *La sociedad de los poetas muertos* de Robin Williams en el año 1989? Si no la has visto, te recomiendo que la veas. ¿En qué se basó el éxito del profesor? En hacer las cosas diferentes y ser recursivo, de esa manera, les pedía a sus estudiantes subirse a los pupitres para que tuvieran otra perspectiva, los hacía partícipe de la clase, usaba el ingenio, los sacaba al campo de fútbol para que patearan una pelota mientras gritaban una frase, los animaba a usar la imaginación y sacar a ese ser ingenioso y activo que vive dentro de nosotros. Los estudiantes cambiaban su estado y lo convertían en uno recursivo, y así encontraban las soluciones, se inspiraban y sucedía algo mágico: dejaban de pensar en ellos para entonces formar parte del grupo, ser uno con los demás. La única manera de perpetuar algo, una idea, un sueño, es compartiéndolo con los otros.

La misión de nuestras vidas está en dar ese regalo, ese talento que vive en nosotros, a los demás. De esa manera, tendremos la mayor recompensa, el verdadero crecimiento espiritual.

CAPÍTULO 31

Dar, tu verdadera misión de vida, el verdadero crecimiento espiritual

«DA CON LOS OJOS CERRADOS, RECIBE
CON LOS OJOS ABIERTOS».

—JOSÉ NAROSKY

¿Qué es el espíritu? Muchos piensan que es una esencia, una energía que está en tu interior; otros consideran que se encuentra arriba de ti unido con un cordón de oro o de luz, pero todos lo identifican como una entidad no corpórea (sin cuerpo). Deepak Chopra, el famoso escritor, conferencista y especialista en medicina alternativa, afirma que somos seres espirituales viviendo en un cuerpo físico.

Nuestra parte espiritual (la tercera de tres partes: física, mental y espiritual) es la más sutil de todas y no existe en el tiempo ni el espacio. Se trata de esa parte que se conecta con todo lo demás; es muchas veces esa voz susurrante que escuchas, la cual resulta muy efímera y en ocasiones te alerta o advierte de situaciones. Tu espíritu es eterno. Aquellos que creen en la reencarnación piensan que habrá otra vida después de esta y que hubo también una anterior, y que en la actual tienes que pagar por todo lo que hiciste antes sin ser quien eres ahora (karma), pero como se trata de tu alma, igual pagas y reencarnas tantas veces como sean necesarias hasta que aprendas la lección y luego te encuentres en un plano superior.

Es un poco complicado pensar en hacer una regresión para saber si en la época de los romanos fuimos un emperador, un esclavo o una prostituta, y dependiendo de ello saber si nos va a ir mal en esta vida, pero como no podemos hacer nada para cambiar las cosas, entonces vivimos siempre responsabilizando por nuestro fracaso en cualquier aspecto de la vida al hecho de que estamos pagando un karma.

Otros piensan que como el espíritu es eterno, no vale la pena esforzarse, mejorar o vivir dando carreras, pues en definitiva el día que ya no esté en este plano mi alma se unirá con las demás e iremos a la fuente que todo lo crea, Dios. Por otra parte, no quiero entrar en temas del juicio final y toda esa maquinaria muy bien orquestada y manejada que hace sentir a la gente culpable y con miedo en vez de amor, ya que generalmente esas personas que he visto y escuchado que siempre están amenazando con que hay un Dios arriba y la justicia divina los castigará, se pasan la vida llenas de envidia, resentimiento y odio.

Te propongo lo siguiente, por un momento piensa que eres una pila eléctrica, sí una batería, así como la del comercial del conejito «Energizer». Mientras más alcalina esta sea, más tiempo dura, e igual pasa con tu cuerpo. Mientras tengas un equilibro eléctrico en tu cuerpo inclinado hacia la parte alcalina, vivirás más tiempo de manera sana. Esa pila (tú) tiene un tiempo de duración, para algunos es muy corto y para otros más largo. Yo soy un fiel creyente de que la materia no se destruye, solo se transforma, y de que, al nivel de los átomos, electrones y neutrones, somos energía. Todo es energía, una mesa, un vaso, el agua, las piedras, todo.

Ahora bien, lo que marca la diferencia es la vibración o el movimiento que tenga el cuerpo. Por ejemplo, los átomos de un rayo de luz se mueven millones de veces más rápidos que los de una piedra. De hecho, el principio de la bomba nuclear es una reacción en cadena (fisión) en donde los núcleos pesados chocan y se dividen en núcleos pequeños, liberando una grandísima cantidad de energía.

Si usas la analogía de que eres una pila eléctrica (batería) debes entonces saber que:

1. **Necesitas alcalinizarte el mayor tiempo necesario para de esa forma rendir más.** Te alcalinizas de varias maneras, una de ellas es comiendo alimentos verdes, llenos de clorofila. La clorofila es el río de vida de las plantas, es el resultado del proceso de transformación de los rayos de luz por medio del maravilloso proceso de la fotosíntesis. Su configuración celular es igual a la de la sangre con la excepción del núcleo, que es de magnesio. Recuerda que eres un ser vivo y debes comer al menos el 70 % de tu plato de comida de alimentos verdes vivos.

   Otra manera es tomando mucha agua, la cantidad recomendada es la mitad del peso de tu cuerpo en onzas, por ejemplo, si pesas doscientas libras, deberías tomar al menos diez botellitas de agua de diez onzas. También puedes alcalinizar tu cuerpo haciendo ejercicios aeróbicos (aire), de esa forma usas tu sistema linfático, que es el sistema que desecha las toxinas (ácidas) de tu cuerpo y que a diferencia del sistema circulatorio no tiene motor como el corazón, así que se mueve a través de la ósmosis. En pocas palabras, cuando trotas o caminas rápido, cada impacto hace que el sistema linfático se ponga en movimiento y elimine las toxinas.

Otra manera sería guiando a tu mente a tener pensamientos placenteros. Tus pensamientos generan emociones, si esos pensamientos son de miedo, depresión, rabia, resentimiento y envidia, por ejemplo, vas a crear en tu cerebro comandos para que el cuerpo produzca sustancias (como cortisol y adrenalina, entre otras) en cantidades muy altas, de modo que tu estómago empezará a producir jugo gástrico. Por eso, generalmente cuando te sientes así, tienes acidez y dolor en el centro del estómago (chakra de las emociones). Además, cuando experimentas tales sentimientos muy a menudo te quedas sin fuerza, no respiras bien y no piensas de manera proactiva y adecuada, y como eres energía, tus órganos empiezan a bajar su nivel de vitalidad (algo que se puede medir) y de esa manera también disminuirá su rendimiento. Resulta importante que, aunque tengas cualquier tipo de creencia sobre el alma o el espíritu cuides el vehículo, que eres tú.

2. **Debes cuidar el ambiente donde te desenvuelves.** Así como una pila eléctrica pierde su fuerza si es expuesta al fuego, a otra carga eléctrica inversa o a temperaturas extremas, ya que se corroe (acidifica), lo mismo sucede con tu vida. Necesitas rodearte de personas que saquen lo mejor de ti, de modo que debes buscar un nuevo círculo de amistades si el que tienes no cumple con estos requerimientos. Cuida tu entorno y el de tus hijos, ya que este puede afectar seriamente tu vida y tu rendimiento al corroerla.

Somos, como dije anteriormente, 100 % influenciables y programables, ya sea de manera consciente o inconsciente. Recuerda el dicho: «Lo que Juan dice de Pedro dice más de Juan que de Pedro», es decir, los chismes sobre otros hablan más de ti que de los demás. Debes invertir en educarte (esta palabra se deriva del término en latín *educo*, que significa «desde adentro»), debes rodearte de personas que te reten a ser cada día mejor, que te exijan superarte, debes rodearte de un ambiente apto para que puedas crecer. Tienes el deber y el derecho de sembrar la semilla de tus sueños y tu vida donde haya tierra fértil a fin de que se den las condiciones para crecer, lo cual significa también escoger con quién compartes tu vida y tu tiempo.

3. **Debes conservar tu energía, si no la «pila eléctrica» se gasta y no cumplirá su cometido.** Así es en nuestra vida, tenemos un tiempo limitado y debemos enfocarnos en maximizarnos y vivir al máximo, sin seguir perdiendo el tiempo en cosas que no son importantes o en vivir la vida de otros, no cumpliendo con tu responsabilidad y tu misión. ¿Quieres ayudar a otros? Hazlo a través de tu ejemplo y no interrumpiendo el crecimiento de los demás por medio de tu soberbia al querer arreglar la vida de todo el mundo. ¡Detente! Esa no es tu responsabilidad espiritual. Cuando un avión entra en emergencia, produciéndose una descompensación y bajando las mascarillas de aire, el capitán dice que primero tienes que ponerte la mascarilla tú para luego ponérsela a la persona que está a tu lado. Así que el cambio empieza por ti.

Una de las maneras en que podemos conservar la energía y recargarnos es a través de la meditación, la oración (recuerda que la palabra en hebreo significa *trampa*, así que es como si pusieras una trampa para que caiga en ella eso que pides), el ejercicio y la donación. Como dije en los capítulos anteriores, los líderes y las personas que han logrado hacer cosas grandes porque han exprimido el tiempo tenían las mismas veinticuatro horas que tú. Y cuando hablo de cosas grandes, esto no significa que seas famoso, sino que has generado de una u otra forma un impacto positivo en tu vida y la de los demás.

4. **Debes conectarte con otras pilas eléctricas para ser más fuerte.** Trascendemos y nos fortalecemos en nuestra vida cuando damos a los demás, cuando realmente dejamos de pensar en nosotros como entes individuales y empezamos a considerarnos agentes unificadores. Un grupo de pilas tiene más poder que una sola, un grupo de almas trabajando en la misma meta, en la misma misión, puede transformar al mundo. Hay una película que me encanta, protagonizada por Kevin Spacey, Helen Hunt y Jaley Joel Osment, la cual se titula *Pay It Forward* [Cadena de favores]. Te invito a que la veas, el tema principal es cómo cada uno de los personajes le otorga a un desconocido algo que necesita con tal de ayudarlo. Se trata de hacer el bien en todo momento.

¿Qué pasaría si realmente tu vida fuera limitada, sin segundas oportunidades ni reencarnaciones, con solo este cuerpo en el que estás viviendo ahora, que de hecho tiene ya una fecha para caducar, de vencimiento, y que dependiendo de cómo lo alcalinices durará un poco más? ¿Qué harías? ¿Qué harías por tu vida y la de los demás? ¿Cuál sería tu legado, tu ejemplo? ¿Cómo vivirías?

Imagina por un momento que estás muy viejo en una silla mecedora mirando el techo y tu vida ya pasó por tus manos. Reflexiona por unos instantes en qué dejaste de hacer por miedo, por el qué dirán, por no tener tiempo, dinero o estar demasiado ocupado trabajando, qué palabras hermosas dejaste de decir por temor al rechazo, a quién no abrazaste que ya no está contigo, a quién no le pediste perdón, a quién no perdonaste y no puedes hacerlo ahora, qué no viviste, qué dejaste de sentir, qué dejaste que el tiempo envejeciera, quién no pudo amarte porque te cerraste, cuántos te amo dejaste de decir.

Deja de leer por unos minutos. Cierra los ojos y visualiza. Siente eso que te pido. Luego abre los ojos. ¿Sabes algo? Cuando llegues allí, será tarde. Así que debes encontrar la alegría en tu vida. Y debes producir alegría en la vida de otros. Esa es nuestra verdadera misión como humanidad, como seres con tiempo limitado, pero con potencial ilimitado. Y lo mejor de todo es que si obras desde el bien y para el bien, tu obra sí será ilimitada y transcenderá el tiempo, trascenderá el espacio e irá de generación en generación, pasando de un ser a otro iluminándolos, llenándolos de fe y fortaleza. Encuentra la alegría en tu vida. Este es tu momento más importante, más preciado, más maravilloso. ¡Ahora! Este es tu momento de reír, soñar, actuar, ser tú, dejar fluir a Dios a través de ti, tener energía y vivir tu vida. Naciste y morirás solo. No eres culpable de cómo naciste, pero serás responsable de cómo mueras, y como dice el dicho: «El cementerio es el lugar más rico del planeta, porque allí yacen todos los sueños de miles de personas que por no tener fe en sí mismas no los vivieron y se los llevaron a su tumba».

Encuentra la alegría en tu vida. Cultiva el gozo en tu vida. Es tiempo de abrir los ojos, de forjar tus propias creencias con lo que te funciona, de caminar tu camino, de experimentar tu vida, de tener un orgasmo libre y gritarlo a los cuatro vientos sin pena ni tabúes. En estos tiempos es más fácil hacer daño que hacer el amor. Encuentra la alegría en tu vida, vive, ríe, contribuye, ayuda, crea, disfruta, respira, ama, siente. Transmítele todo eso a los que tendrán el regocijo de vivirlo contigo, contagia a todos con tu sonrisa, tu alegría y buenas noticias. Contagia a la vida con tu ejemplo de liderazgo, de asumir la responsabilidad, de vivir al máximo y plenamente. Contagia con tus éxitos a los demás y que el éxito de los demás sea el tuyo también.

Como lo habrás dado todo, no te importará nada. Habrás dado en este mundo a tu nombre cada onza de tu vida para ser útil a los demás, lo cual significa la utilización completa de tu ser haciendo lo que te gusta, generando bienestar para ti mismo y los demás. Sirve también a alguien o alguna organización, lo que implica hacer lo que otra persona u organización te pide sin cuestionar, solo dando y estando dispuesto y con buena actitud a completar la tarea que se te asignó. De esa manera, tus ojos estarán cerrados y tendrás fe y un corazón lleno de regocijo por haber sido parte de un bien más grande que tú.

Encuentra la alegría en tu vida. Crea la alegría en tu vida. Es tiempo de que regreses a casa y la casa se encuentra en tu corazón. Considero que nuestras vidas son como corrientes de agua que fluyen al mismo río, en algunas ocasiones está calmado y se mueve lentamente, en otras, la corriente se mueve rápido y con violencia, chocando con las rocas y cayendo en cascadas, pero al final todo esto es parte de su esencia y siempre vuelve a la fuente.

Toma algunas hojas en blanco y escribe tu lista de sueños y deseos. Anota lo que venga a tu mente, las cosas que tu corazón quiere. Deja que tus pensamientos fluyan sin ponerle límites, pero eso sí, deben ser tuyos solamente. Escribir que Rosa se enamore de ti es entrometerte en la vida de Rosa. Enamórate de ti y encontrarás muchas Rosas, entonces comparte con la que más se asemeje a ti y construye una relación a partir allí. No inicies una relación queriendo arreglar a alguien, porque nadie está roto para que lo arregles. Así que escribe aventuras, metas, cosas que quieres hacer, experiencias que deseas vivir. Disfrútalo, es tu momento de empezar a realizar y vivir aquello que genere alegría en tu vida.

No tienes que hacerlo perfecto y no todo lo tienes que llevar a cabo hoy, pero sí empieza, y cuando lo termines, ponle un número al lado que puede ser 1, 3, 5, 10, 20. Eso indica el período de años en que te comprometes contigo mismo a hacer ese sueño realidad.

Quiero compartir contigo mi nueva misión de vida. En la actualidad formo parte de una organización sin fines de lucro llamada Feed A Billion [Alimenta a mil millones], la meta es alimentar a esa cantidad de personas antes del 20 de noviembre del año 2020. Me gustaría que formaras parte de esta maravillosa organización para que el hambre se acabe en nuestro planeta. No importa en qué parte del mundo vivas, los fondos recaudados se darán a fundaciones en los diferentes países del mundo que se encargarán de llevar los alimentos a los más necesitados. Si estás interesado en formar parte, te invito a que visites la página www.feedabillion.org para que obtengas más información, y te agradezco por adelantado por ser parte del cambio y brindarles ayuda a los necesitados.

Te invito a que encuentres la inspiración para seguir adelante a partir de la desesperación que quizás puedas estar viviendo o hayas vivido en algún momento de tu vida. Inspiración significa «desde el espíritu». Es mi deseo que tengas hambre para querer comerte al mundo, que de una buena vez por todas descubras que eres ilimitado en posibilidades, que la inspiración solo necesita de una sola cosa: tú. Y nace justamente de allí, de tu ser, de tus entrañas. Solo crecerás de verdad cuando experimentes el reto y la fricción con la vida, porque el hierro se afila con hierro o con piedra. Inspírate a partir de la derrota, no le huyas. Inspírate de las caídas y párate más rápido y con más fuerza.

Las preguntas clave que te hago son: ¿Qué has alcanzado en tu vida? ¿Cuál es el sentido y el propósito que tu vida ha tenido hasta hoy? Si no has trabajado aún en tu misión de vida, te invito a que empieces a hacerlo, quizás poco a poco, ya que no te digo que renuncies a tu trabajo. Más bien te exhorto a que empieces a hacer algo por lo que amas, por tu misión, eso te dará el impulso, eso será suficiente para que poco a poco empieces a trabajar más en aquello que hace lo más importante: llenar tu alma. Todos tenemos una misión especial en la vida, solo debes descubrirla. La vida es demasiado corta, sácale provecho. He escuchado a muchas personas comentarme lo que quieren hacer, los sueños que tienen, pero la mayoría de las veces no se dan cuenta de que el tiempo es limitado, y para algunos que no lo saben, muy escaso.

Al escribir este libro empecé también a pensar en mi vida y todas las cosas que quiero hacer en el tiempo que esté en este plano, por eso siempre utilizo la frase «vivir al máximo», es decir, quiero sacarle el jugo al tiempo que me queda. Haz un esfuerzo consciente y averigua qué es lo que realmente amas hacer, créeme, literalmente te salvará la vida.

Más o menos el 80 % de las personas van a trabajos que no aman, así que de solo pensar en ir a trabajar se enferman; ellos están obstinados de hacer siempre lo mismo que no los lleva a nada, lo único que hacen es pensar en cuándo llegará el viernes. Viven todos los días en una calle ciega. No dejes que tu sueño se vaya, no dejes pasar más tiempo sin hacer algo en pro de ese sueño. Algunas veces me surge la pregunta: ¿Por qué no hacemos un mayor esfuerzo para hacer nuestros sueños realidad? Por ejemplo, en mi caso me he preguntado: ¿Por qué no escribí este libro antes? Y la respuesta es: *No sabía que podía hacerlo.* Sabemos de manera subconsciente, quizás pensemos que no podemos alcanzar nuestro sueño o simplemente que no nos lo merecemos.

Considera estas preguntas que quiero hacerte. ¿Cuánto tiempo en el día inviertes en ti? ¿Cuánto tiempo a la semana inviertes en tu desarrollo? ¿Cuántos libros de superación personal lees al mes? ¿Cuántos audiolibros escuchas al mes? ¿Cuántas veces a lo largo de tu jornada diaria repites afirmaciones positivas que orienten tu mente? ¿Cuántas horas al mes inviertes en tu vida, en ser mejor, en aprender cosas que despierten al gigante que está en ti? ¿Cuánto tiempo en el día inviertes en tu sueño?

Tienes que desarrollarte, tienes que transformar el miedo en poder, tienes que crear oportunidades en tu vida y alrededor de ti. Tienes que dejar de hacer las cosas que no te llenan, tienes que cambiar tu estrategia si quieres realmente cambiar tu vida. Que algo o alguien lleguen a ti no significa que sea bueno para ti. Cuando eso suceda, pregúntate cuál es el beneficio que esa situación o persona traen a tu vida, cuál es el beneficio de ese miedo que sientes y de eso que estás creyendo. Mira tu vida ahora, tú eres el resultado de tus decisiones y acciones, de las cosas que hiciste realidad y las que no. Tú eres hoy el resultado de toda tu vida pasada. Ahora te pregunto: ¿Estás contento con lo que eres? ¿Crees que puedes ser mejor? ¿Crees que puedes mejorar más? ¿Crees que puedes crear una vida diferente? Entonces es el momento de activar y despertar a ese gigante que vive en ti y que muchas veces por miedo se ha conformado con lo pequeño, se ha quedado en una zona de confort que no solo no te ayuda a crecer, sino que te ha mantenido mutilado por mucho tiempo.

Debes empezar a fortalecerte, a programarte de nuevo; debes acallar el diálogo interno y externo de limitación y empezar a entrenarte con un nuevo vocabulario, un nuevo tú. Aprende a ser tu propio motivador, tu propio motor de resultados. Empieza a cambiar los «no sé hacerlo» por «¿cómo lo hago?», los «no puedo» por «sí puedo». Empieza a convencerte a ti mismo de que puedes lograrlo, porque sabes que el poder vive en ti. Empieza a reprogramarte de una manera extraordinaria, a hablar de esa forma, a pararte de esa forma, a vivir de esa forma extraordinaria. Entiende que nadie más puede manejar tu vida de la mejor manera sino tú, deja en tu pasado el castigo y el sufrimiento, ya has tenido suficiente. Decide y determina hoy que tu vida es y será diferente porque así lo has elegido.

De hecho, voy a aprovechar esta oportunidad para darte tres pasos que puedes utilizar a fin de acabar definitivamente con el sufrimiento. El antídoto es:

1. **Apreciar tu vida:** Recuerda que dos pensamientos no pueden coexistir al mismo tiempo. Así que cuando estás agradecido y aprecias las cosas que tienes en

la vida, aunque sean muy pequeñas, no darás lugar al sufrimiento. El sufrimiento proviene de una expectativa, de modo que cambia las expectativas por agradecimiento y tendrás un bálsamo para tu corazón y tu vida.

2. **Aprender y crecer:** En la vida no hay líneas rectas, como comenté antes; si no estás creciendo, estás muriendo. Debes aprender de las cosas que la vida te presenta diariamente y agradecerlas. Cuando aprendes conviertes la incertidumbre en seguridad. Toma la decisión de hacer que tu vida transcurra en un estado hermoso. Y cuando hablo de aprender hablo de sabiduría, pues el conocimiento es una cosa, pero la sabiduría es la aplicación de ese conocimiento en la práctica. Estamos repletos de conocimientos, pero algunas veces carentes de sabiduría.

3. **Amar, dar y agradecer:** Estas son las tres emociones más hermosas que podemos tener. Cuando estás agradecido, no hay miedo que pueda albergar tu corazón. Cuando les das a los demás, de verdad y sin esperar nada a cambio, inmediatamente sientes la satisfacción de la gratitud. ¿Y qué crees que ocurre cuando estás lleno de amor? Primero, lo puedes ofrecer, y segundo, sientes que estás lleno, completo, íntegro, que nada te falta. Sentir y fomentar estas tres emociones en tu

vida te da la oportunidad segura de erradicar cualquier miedo o sufrimiento. Está científicamente demostrado que cuando vives en un estado de agradecimiento, tus impulsos eléctricos del cerebro se encuentran en armonía con los del corazón. El electroencefalograma (EEG) y el electrocardiograma (EKG) danzan al mismo ritmo y en armonía cuando vives experimentando alguna de estas tres emociones. Así que de ahora en adelante eres el responsable de crearlas y disfrutarlas al máximo. Debes amarte y amar con amor incondicional.

¿QUÉ ES EL AMOR INCONDICIONAL?

El amor incondicional está presente cuando dos personas ponen las necesidades una de la otra primero y la pasión fluye. Cuando cada integrante de la pareja descubre las necesidades del otro, ellos se sirven mutuamente de una forma espontánea y de la mejor manera, sin estar esperando que le paguen de vuelta. Las parejas hacen todo lo posible para entenderse entre ellos y servirse el uno al otro. Ambos han entendido la forma de ofrecer placer, apoyo y entendimiento instantáneamente. El amor entonces es in-condicional y no se necesita nada para expresarlo, solo se aman y ya. Cuando la relación está basada en la confianza, pueden manifestarse de las formas más maravillosas del mundo, y si sus fundamentos son sólidos, serán capaces de apoyarse mutuamente para salir adelante en los momentos de dificultad.

Buscando información sobre este tema, encontré un artículo que me llama mucho la atención y habla de Erich Fromm, psicólogo especialista en pareja, el cual dice lo siguiente: «Para Erich Fromm, el amor es un arte, y como tal una *acción voluntaria que se emprende y se aprende*, no una pasión que se impone contra la voluntad de quien lo vive. El amor es, así, decisión, elección y actitud. Definitivamente, decidimos amar, elegimos a quién amaremos, y nuestra actitud (estado anímico) influye notablemente, ya que es un ingrediente importantísimo en la relación. Todo esto, por cierto, debe empezar contigo mismo, ya que tú formas parte de todas las relaciones que tienes. Según Fromm, la mayoría de la gente identifica el amor con una sensación placentera. En cambio, él considera que es un arte, y que en consecuencia requiere esfuerzo y conocimiento. Desde su punto de vista, la mayoría de la gente cae en el error de pensar que no hay nada que aprender sobre el amor, motivados entre otras cosas por la idea de que el principal objetivo es ser amado y no amar. De este modo, llegan a valorar aspectos superficiales como el éxito, el poder o el atractivo, los cuales causan confusión durante la etapa inicial del pretendido enamoramiento, pero dejan de ser influyentes cuando las personas se conocen y se pierde la magia del misterio inicial. Así pues, recomienda proceder ante el amor de la misma forma que lo haríamos para aprender cualquier otro arte, como la música, la pintura, la carpintería o la medicina. Y además distingue, como en todo proceso de aprendizaje, dos partes: una teórica y otra práctica.

El amor es un estado mental orgánico que crece o decrece dependiendo de cómo se retroalimente ese sentimiento en la relación de los que componen el núcleo amoroso. La retroalimentación depende de factores tales como el comportamiento de la persona amada, sus atributos involuntarios o las necesidades particulares de la persona que ama (deseo sexual, ansias de compañía, voluntad inconsciente de ascensión social, aspiración constante de completitud, etc.).»[1]

Interesante, ¿verdad? Eso me pone a pensar que el amor como «arte» implica que tanto yo como mi pareja hacemos uso de la creatividad, la práctica y el método de ensayo y error. Debo saber que el amor se perfecciona o mejora a través de la práctica constante y a la misma vez del cambio y la innovación, que la decisión de amar y dejar que me amen depende de mí, que mi actitud hacia mi relación es tan importante como mi actitud hacia la vida, y para finalizar, que se trata de una elección, pues yo elijo quién es la persona que va a acompañarme como pareja.

Quiero compartir contigo (y amar también es compartir) estas frases con respecto al amor:

1. «Amor sin condiciones», artículo escrito por Vicente Passariello para Ismael Cala.com y puede ser visto online en https://ismaelcala.com/amor-sin-condiciones.

«El amor nunca muere por muerte natural, muere porque no sabemos recargar su fuente. Muere por ceguera, errores y engaños. Muere de enfermo y herido. Muere por no usarse».

—Anaïs Nin

«Mantén el amor en tu corazón. Una vida sin amor es como un jardín sin sol donde las flores están muertas. La conciencia de amar y ser amado te da un cálido enriquecimiento de la vida que nada te lo brinda».

—Oscar Wilde

«Si tú quieres ser amado, ama y está dispuesto a recibir amor».

—Benjamín Franklin

«El amor nunca reclama, siempre da».

—Mohandas Gandhi

Tú eres el capitán de tu barco, eres el actor o la actriz principal, quien dirige y produce tu propia película llamada vida. Así que crea una maravillosa. Empieza a ver todas las posibilidades que están frente a ti, porque solo necesitas alcanzarlas para que puedas realizar lo que está esperando por ti, lo que aguarda a que des el paso. Desarrolla el coraje, que es sentir miedo y de todas maneras salir adelante. Como ya explicamos la palabra *coraje* proviene de un vocablo francés que significa «desde el corazón». Muchas veces no se trata de falta de conocimiento, sino solo de falta de corazón, de coraje.

Convierte las ideas en realidades, asume el control, demuestra liderazgo, haz lo que sea, pero comprométete hoy contigo mismo a actuar en pro de tu propio sueño. Levántate y cáete las veces que sea necesario. Vale la pena. Recuerda, las palabras de Nelson Mandela. «La mayor gloria no es nunca caer, sino siempre levantarse». «No es valiente el que no tiene miedo, sino el que sabe conquistarlo». Hemos nacido para brillar, hemos nacido para desarrollar al máximo nuestro potencial, que nos ha sido regalado por la vida y has escogido. En ti está el genio y el ingenio, pienso que el universo está de tu lado.

¿Que si vale la pena? ¡Absolutamente! ¿Que si va a ser fácil? ¡Definitivamente no! ¿Que si vas a cometer errores? ¡Probablemente muchos! ¿Que si vas a sentir dolor? Sí, lo sentirás, así que acostúmbrate al dolor, ya que está en todos lados y formará parte de tu vida quieras o no. Algunas veces no hacemos algo nuevo porque tenemos miedo de sufrir dolor, ser rechazados, sentirnos frustrados, quedarnos solos, ser criticados o ser juzgados, pero el peor dolor que podemos sentir y que debemos evitar es el de no hacer nada. Hay mucho que arriesgar aquí y lo que estás arriesgando es tu vida, así que tu éxito dependerá de la cantidad de dolor que puedas soportar y de seguir adelante siendo feliz.

¿Recuerdas esa frase que dice que no hay ganancia si no hay dolor? Así que dale la vuelta, busca la manera de hacer las cosas diferentes, convéncete de que puedes lograrlo, de que puedes crear oportunidades, tú puedes hacerlo. Hazte las siguientes preguntas: ¿Cómo sería mi vida si hiciera lo que amo? ¿Cómo sería mi vida si no les hiciera caso a las personas que quieren limitarme? ¿Cómo sería mi vida sin el miedo que me paraliza? ¿Qué haría? ¿Quién sería? ¿Qué sería de mi vida si decidiera hacer mi sueño realidad? ¿Qué sería de mi vida si decidiera vivir con coraje, determinación, amor y verdad?

Se necesita coraje para vivir y alcanzar tus sueños, se necesita coraje para amar, para ser tú. Deja ya de vivir en tu mente las cosas terribles que te imaginas, los desaciertos, las enfermedades, los rechazos y las caídas que no han sucedido aún. Deja de representar en tu mente a la víctima y empieza a vivir asumiendo el liderazgo, comienza a transformar tu vida ahora. No escojas el sufrimiento como tu bandera o la manera de relacionarte con los demás, en vez de eso, elige ser el líder que vive en ti.

Empieza por un momento a acallar tu mente y siente tu corazón. Escucha a tu corazón y acalla la duda que habla en tu cabeza, esa duda que te sobreviene debido a las circunstancias. Sin embargo, esas circunstancias no definen quién tú eres, simplemente son lo que está sucediendo en este momento, pero no te determinan. Tú tienes posibilidades infinitas que puedes crear en este momento. Crea y deja de ser el mánager de tus circunstancias, más bien crea oportunidades nuevas. Vive al máximo y sácale provecho a la vida. Te debes a ti mismo hacer algo que te haga feliz y te llene. Ama el cambio.

Gracias por haber leído mi libro. Deseo que sea parte de tu vida de ahora en adelante. ¡Crea la alegría en tu vida! Y te invito a que tu camino empiece hoy tomando la determinación de alimentar tu mente. Las transformaciones que perduran no se consiguen en un día. Si tienes un cuerpo definido y fuerte, no lo haz conseguido ejercitándote un fin de semana y luego sin hacerlo nunca más en tu vida. Debes entrenar constantemente tu mente, debes entrenar tu cuerpo, debes de una u otra forma buscar la manera de asistir a charlas de mejoramiento personal, de tener un asesor, de aproximarte a las personas que de diferentes maneras generen un cambio positivo en tu vida. Busca el modo de darles valor como nadie más lo haría a las demás personas con perseverancia, porque al final eso te hará sentir muy orgulloso como ser humano y alimentará tu alma de una manera extraordinaria, haciéndote sentir también lleno y libre. Al final del camino, mi creencia más interna es que estamos diseñados para ayudarnos los unos a los otros y crear en los demás, valor agregado a sus vidas. Pienso que en realidad la única manera de sentir carencias es cuando solo te enfocas en ti, tu miedo, tu necesidad, tu dolor. No obstante, tienes que siempre cuidarte al máximo y buscar lo mejor para ti, y digo esto porque siempre podrás dar más de ti cuando te ocupes de tu persona primero; así serás capaz también de ayudar a los demás, dándoles mil veces más de lo que ellos esperan de ti. Y esto no solo funciona para tu vida, sino del mismo modo para tu negocio. ¿Quieres tener un negocio próspero? Solo necesitas dos cosas. Dales un valor agregado a tus clientes como nadie más e innóvate. Si decides hoy crear nuevas oportunidades en tu vida y vivir con la filosofía y la estrategia de siempre alimentar tu mente con información de primera calidad de una forma constante, así como tu cuerpo y tu alma, mi querido amigo o amiga, disfrutaré de una manera muy grata al leer o escuchar tu historia en algún momento de mi vida.

Por ahora, el verdadero libro que escribirás a partir de hoy será el tuyo, escribe uno extraordinario.

APÉNDICE

REGLAS PARA TENER UNA VIDA EXTRAORDINARIA

- Vive al máximo.

- Progresa.

- Da más de lo que se necesita.

- Simplifícate.

- Vive con pasión.

- Excede tus limitaciones.

- Vive la verdad.

- Sé fuerte.

- Desarrolla el coraje.

- Sé resiliente.

- Innóvate siempre.

- Enfócate en ser mejor cada día.

- Lidera.

- Sé humilde en el corazón.

- Inspira a otros con tus acciones.

- Piensa en grande.

- Actúa.

- Vive tu verdad.

- Cambia el mundo.

- Crea alegría en tu vida.

NOTAS

1. Sharon Jayson, «Yep, Life'll Burst That Self-Esteem Bubble», *USA Today*, 15 febrero 2005, http://www.usatoday.com/life/ life-style/2005-02-15-self- esteem_x.htm.

2. George Gilder, *Men and Marriage* (Gretna, LA: Pelican Publishing Co., 1986), p. 171.

3. Don Colbert, M.D., *Toxic Relief* (Lake Mary, FL: Siloam, 2003), p. 15.

4. T. A. Barringer, J. K. Kirk, A. C. Santaniello, et al., «Effect of a Multivitamin and Mineral Supplement on Infection and Quality of Life», *Annals of Internal Medicine*, 3 marzo 2003, pp. 365-71.

5. «The Heart Truth for Women», nota de prensa emitida por el National Heart, Lung, and Blood Institute, parte de los Nacional Institutes of Health de Estados Unidos. "The Heart Truth" es una campaña nacional de concienciación para las mujeres acerca de las enfermedades cardiovasculares y puede ser vista online en www.nhlbi.nih.gov/health/ hearttruth/espanol.htm.

ACERCA DEL AUTOR

Vicente Passariello lleva más de 15 años siendo considerado uno de los mejores coaches motivacionales en el mundo latino en Estados Unidos. Su preparación como *Licensed Trainer* en Programación Neurolingüística, DHE Diseño Ingeniería Humana y PE Ingeniería de la Persuasión acreditado por el Dr. Richard Bandler (cocreador PLN), le han llevado a preparar a cientos de personas en Estados Unidos y Latinoamérica. Passariello forma parte activa del equipo de Anthony Robbins y es la voz en su producto digital *Unlimited Get the Edge* de Tony Robbins. Ha viajado en múltiples ocasiones con la organización de Robbins en diferentes ciudades de Estados Unidos y el exterior.

Passariello ha dictado seminarios en Caracas, Barquisimeto, Miami, Weston, Bogotá, Nueva York y Perú sobre motivación, ventas, telemercadeo, atención al cliente y motivación en diferentes empresas. Mensualmente dicta charlas a grupos para mejorar sus vidas, así como se especializa en el *«asesoramiento personal»* o Coaching.

Emprendedor y escritor exitoso, ha realizado asesorías a empresarios latinos radicados en Miami, Orlando y otros estados. Es autor de *365 afirmaciones para tu poder interior*.

Vicente Passariello es también creador, productor ejecutivo y locutor del exitoso programa Cápsulas del Éxito, transmitido en Miami a través de Actualidad Radio desde hace ocho años todos los domingos. Fue colaborador de CNN en Español, en el Programa Noti-Mujer y escritor en la revista *Conexiones*. Actualmente colabora en el periódico *Doral Times* y la revista *Avior Air* y ha sido experto invitado en Despierta América de Univisión.